21世纪高职高专规划教材·商贸类系列
全国高职高专"工学结合"课程改革教材

基础会计实训教程

主　编　王　龙　宋粉鲜
副主编　李　娟　王　颖

中国人民大学出版社
·北京·

图书在版编目（CIP）数据

基础会计实训教程/王龙，宋粉鲜主编
北京：中国人民大学出版社，2010
21 世纪高职高专规划教材·商贸类系列
全国高职高专“工学结合”课程改革教材
ISBN 978-7-300-12309-7

Ⅰ.①基…
Ⅱ.①王… ②宋…
Ⅲ.①会计学-高等学校：技术学校-教材
Ⅳ.①F230

中国版本图书馆 CIP 数据核字（2010）第 110975 号

21 世纪高职高专规划教材·商贸类系列
全国高职高专“工学结合”课程改革教材
基础会计实训教程
主　编　王　龙　宋粉鲜
副主编　李　娟　王　颖

出版发行	中国人民大学出版社		
社　址	北京中关村大街 31 号	邮政编码	100080
电　话	010－62511242（总编室）		010－62511398（质管部）
	010－82501766（邮购部）		010－62514148（门市部）
	010－62515195（发行公司）		010－62515275（盗版举报）
网　址	http://www.crup.com.cn		
	http://www.ttrnet.com(人大教研网)		
经　销	新华书店		
印　刷	北京鑫丰华彩印有限公司		
规　格	185 mm×260 mm　16 开本	版　次	2010 年 8 月第 1 版
印　张	9.5	印　次	2016 年 11 月第 2 次印刷
字　数	110 000	定　价	18.00 元

前　言

近年来，随着我国高等教育体制改革的深化，高等职业教育得到空前的发展。高职教育力求培养一大批具有必要的理论知识和较强的实践能力的专门人才，其根本的出发点应该以技术应用、能力的实际训练为突破口，而现在市场上与高职教育相配套的实训教材还相对匮乏。特别是会计这个行业，更要求具有动手能力和创新能力。针对现状，经过几年的摸索，我们编写了高职高专“基础会计”课程的配套实训教材《基础会计实训教程》。

本书的最大特点是突出应用性和实践性。全书以企业实际发生的经济业务为模拟实验内容，以企业财务部门实际使用的证、账、表为模拟实验用品，以现行的会计法则、准则、制度、规定为依据，进行会计事项的处理。在实验室里，学生像一名真正的会计人员一样，取得原始凭证，编制记账凭证，登记账簿，编制报表。为了突出原始凭证的真实性，本书采用单面印刷，学生可以将原始凭证剪下来，附在记账凭证的背面，方便审核凭证。本教材中的十一项实验前后衔接，贯穿训练了会计核算的基本技能，学生亲自动手做账，在教师的指导下遵守各项会计规章制度。整套实训大大提高了学生的实际操作能力，缩短了学生与会计实际工作的距离，使其毕业后能迅速进入职业角色。

本书实验一至实验六由西安欧亚学院的王龙老师编写，实验七至实验十一由西安欧亚学院的宋粉鲜老师编写。以本书为基础的讲义内容在西安欧亚学院已经有五届学生使用，主教基础会计实训课的西安欧亚学院的李娟老师和西安思源学院的王颖老师，结合自己多年教学工作中的经验，对本书的内容做了进一步的完善。主要是加了一些与基础会计实训课有关的理论知识，去掉了现在在会计中已经不被采用的单式记账凭证的填制等内容，同时按照最新的原始凭证的格式更改了旧式的原始凭证，力争通过本教材实现学生与会计岗位实际工作的零距离。

由于编者水平有限，疏漏乃至错误在所难免，诚挚希望使用本教材的老师、同学多提宝贵意见，在此表示感谢。

编者

2010 年 6 月

前 言

目　录

实验一　基础书写训练

训练一　阿拉伯数字的书写

一、训练目的

通过训练使学生掌握阿拉伯数字的标准写法，做到书写规范、清晰、流畅。

二、阿拉伯数字的标准写法

（1）数字应当一个一个地写，不得连笔写。

（2）字体要各自成形，大小均衡，排列整齐，字迹工整、清晰。

（3）有圆的数字，如：6、8、9、0 等，圆圈必须封口。

（4）同行的相邻数字之间要空出半个阿拉伯数字的位置。

（5）每个数字要紧靠凭证或账表行格底线书写，字体高度占行格高度的 1/2 以下，不能写满格，以便留有改错的空间。

（6）“6”字要比一般数字向右上方长出 1/4，“7”、“9”字要向左下方（过底线）长出 1/4。

（7）字体要自右上方向左下方倾斜写，倾斜度约为 60°。

三、阿拉伯数字参考字体

阿拉伯数字参考字体如图 1—1 所示。

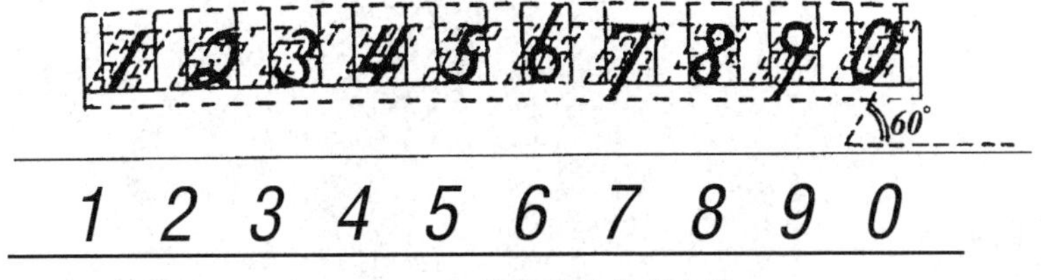

图 1—1　阿拉伯数字参考字体

四、训练要求

按照标准写法进行书写练习，直至书写规范、流畅，指导教师认可。

练习时可用“会计数字练习用纸”（见表 1—1），也可用账页进行书写。

表 1—1　　　　　　　　　　　　　　　　**会计数字练习用纸**

姓名：　　　　　　　　　　　　　　　　　班级：　　　　　　　　　　　　年　　月　　日

训练二　汉字大写数字的书写

一、训练目的

通过训练使学生掌握汉字大写数字的标准写法，做到书写规范、流畅。

二、汉字大写数字的标准写法

（1）汉字大写数字要以正楷或行书字体书写，不得连笔写。

（2）不允许使用未经国务院公布的简化字或谐音字。大写数字一律用“壹、贰、叁、肆、伍、陆、柒、捌、玖、拾、佰、仟、万、亿、元、角、分、零、整”等。不得用“毛”代替“角”、“另”代替“零”。

（3）字体要各自成形，大小均衡，排列整齐，字迹要工整、清晰。

三、大写数字参考字体

大写数字参考字体如表 1—2 所示。

表 1—2　　　　　　　　　　　　　　　　**大写数字参考字体**

一	二	三	四	五	六	七	八	九	十	百	千	万	元	角	分
壹	贰	叁	肆	伍	陆	柒	捌	玖	拾	佰	仟	万	元	角	分

四、训练要求

按照标准写法进行书写练习，直至书写规范、流畅，指导教师认可。

练习可用“会计数字练习用纸”（见表 1—3），也可用账页进行书写。

表 1—3　　　　　　　　　　　　　　　　　　会计数字练习用纸

姓名：　　　　　　　　　　　　　　　　　　班级：　　　　　　　　　　　　　　　　年　　月　　日

训练三　大小写金额的书写

一、训练目的

掌握大小写金额的标准写法，做到书写规范、清晰、流畅。

二、大小写金额的标准写法

(一) 小写金额的标准写法

1. 没有数位分割线的凭证、账表上的标准写法

(1) 阿拉伯金额数字前面应当书写货币币种符号或者货币名称简写，币种符号和阿拉伯数字之间不得留有空白。凡阿拉伯数字前写出币种符号的，数字后面不再写货币单位。

(2) 以元为单位的阿拉伯数字，除表示单价等情况外，一律写到角分；没有角分的角位和分位可写出“00”或者“—”；有角无分的，分位应当写出“0”，不得用“—”代替。

(3) 只有分位金额的，在元和角位上各写一个“0”字并在元与角之间点一个小数点，如：“¥0.06”。

(4) 元以上每三位要空出半个阿拉伯数字的位置书写，如：“¥5 647 108.92”。也可以三位一节用“分位号”分开，如：“¥5,647,108.92”。

2. 有数位分割线的凭证、账表上的标准写法

(1) 对应固定的位数填写，不得错位。

(2) 只有分位金额的，在元和角位上均不得写“0”字。

(3) 只有角位或角分位金额的，在元位上不得写“0”字。

(4) 分位是“0”的，在分位上写“0”，角分位都是“0”的，在角分位上各写一个“0”字。

（二）大写金额的标准写法

（1）大写金额要紧靠“人民币”三字书写，不得留有空白，如果大写数字前没有印好“人民币”字样的，应加填“人民币”三字。

（2）大写金额数字到“元”或“角”，在“元”或“角”后写“整”字；大写金额有“分”的，“分”后面不写“整”字。如：“￥12 000.00”应写为“人民币壹万贰仟元整”。再如：“￥48 651.80”应写为“人民币肆万捌仟陆佰伍拾壹元捌角整”，而“￥486.56”应写为“人民币肆佰捌拾陆元伍角陆分”。

（3）分位是“0”可不写“零分”字样，如：“￥4.60”应写为“人民币肆元陆角整”。

（4）阿拉伯金额数字中间有“0”时，汉字大写金额要写“零”字。如：“￥1 409.50”应写为“人民币壹仟肆佰零玖元伍角整”。

（5）阿拉伯金额数字元位是“0”的，或者数字中间连续有几个“0”同时元位也是“0”，但角位不是“0”时，汉字大写金额可以只写一个“零”字，也可以不写“零”字。如：“￥1 680.32”应写为“人民币壹仟陆佰捌拾元零叁角贰分”，或者写为“人民币壹仟陆佰捌拾元叁角贰分”。又如：“￥97 000.53”应写为“人民币玖万柒仟元零伍角叁分”，或者写成“人民币玖万柒仟元伍角叁分”。

（6）阿拉伯金额数字角位是“0”，而分位不是“0”时，汉字大写金额“元”后面应写“零”字。如：“￥6 409.02”应写成“人民币陆仟肆佰零玖元零贰分”。又如：“￥325.04”应写为“人民币叁佰贰拾伍元零肆分”。

（7）阿拉伯金额数字最高是“1”的，汉字大写金额加写“壹”字，如：“￥15.80”应写成“人民币壹拾伍元捌角整”，“￥135 800.00”应写成“人民币壹拾叁万伍仟捌佰元整”。

（8）在印有大写金额万、仟、佰、拾、元、角、分位置的凭证上书写大写金额时，金额前面如有空位，可划“⊗”注销，阿拉伯金额数字中间有几个“0”（含分位），汉字大写金额就是几个“零”字。如：“￥100.50”应写成“人民币⊗万⊗仟壹佰零拾零元伍角零分”。

三、大小写金额书写示例

（1）郑州市华原商厦开具的一张发票，发票票样见图 1—2。

河南省郑州市商业发票　　NO.0225961　　豫国字（10）(99)

客户名称：郑州长风建材有限公司　　2009 年 03 月 02 日

货号	品名规格	单位	数量	单价	满万元无效	金额 千	百	十	元	角	分
	A4 复印纸	箱	2	45				9	0	0	0
合计人民币（大写）	⊗仟⊗佰玖拾零元零角零分				￥ 90.00						

② 发票联

郑州市华原商厦 发票专用章

单位：（盖章）　　收款人：李 想

图 1—2　商业发票票样（第二联）

（2）大小写金额书写对照表见表1—4。

表1—4　　　　大小写金额书写对照表

会计凭证账表的小写金额栏								原始凭证上的大写金额栏
没有数位分割线	有数位分割线							
	万	千	百	十	元	角	分	
¥0.08							8	人民币：捌分
¥0.60						6	0	人民币：⊗万⊗仟⊗佰⊗拾⊗元陆角零分
¥2.00					2	0	0	人民币：贰元整
¥17.08				1	7	0	8	人民币：壹拾柒元零捌分
¥630.06			6	3	0	0	6	人民币：⊗万⊗仟陆佰叁拾零元零角陆分
¥4 020.70		4	0	2	0	7	0	人民币：肆仟零贰拾元柒角整
¥15 006.09	1	5	0	0	6	0	9	人民币：壹万伍仟零陆元零玖分
¥13 000.40	1	3	0	0	0	4	0	人民币：壹万叁仟零佰零拾零元肆角零分

四、训练资料

2009年1月份现金和银行存款收付业务的发生额：

（1）¥0.70　　（2）¥0.90　　（3）¥16.05

（4）¥84.00　　（5）¥150.65　　（6）¥6 430.08

（7）¥80 004.73　　（8）¥131 000.40　　（9）¥109 806.50

五、训练要求

根据上述资料书写大小写金额，大小写金额书写训练用纸见表1—5。

表1—5　　　　大小写金额书写训练用纸

会计凭证、账表上的小写金额									原始凭证上的大写金额栏
没有数位分割线	有数位分割线								
	十	万	千	百	十	元	角	分	
									人民币：　拾　万　仟　佰　拾　元　角　分
									人民币：　拾　万　仟　佰　拾　元　角　分
									人民币：　拾　万　仟　佰　拾　元　角　分
									人民币：　拾　万　仟　佰　拾　元　角　分
									人民币：　拾　万　仟　佰　拾　元　角　分
									人民币：
									人民币：
									人民币：
									人民币：
									人民币：
									人民币：
									人民币：
									人民币：
									人民币：

实验二　原始凭证的填制

一、实验目的

通过实验使学生掌握原始凭证的基本内容、填制方法及会计凭证的传递程序。

二、原始凭证填制的基本要求

（1）记录要真实。必须实事求是地填写经济业务，原始凭证上填制的日期、业务内容、数量、金额等必须与实际情况完全符合，确保凭证内容真实可靠。

（2）内容要完整。原始凭证的内容必须具备凭证的名称、填制凭证的日期、填制凭证的单位名称或者填制人姓名、经办人员的签名或者盖章、接受凭证单位名称。经济业务内容涉及实物的，还应具备实物名称、规格、计量单位、数量、单价、金额、小写和大写金额合计；经济业务内容不涉及实物的原始凭证，还应具备经济业务内容、款项用途、小写和大写金额；支付款项的原始凭证，必须有收款单位和收款人的收款证明。

（3）填制要及时。应当根据经济业务的执行和完成情况及时填制原始凭证。

（4）书写要清楚。原始凭证上的文字和数字都要认真填写，要求字迹清楚，易于辨认，不得任意涂改、刮擦或删改。一般凭证如果发现错误，须划线更正，即将写错的文字或数字用红线划掉，再将正确的数字或文字写在划红线的上方，并加盖经手人印章。

（5）格式要规范。原始凭证要用蓝色或黑色笔书写，书写要清楚、规范。填写支票必须使用碳素笔，属于需要套写的凭证，必须一次套写清楚，合计的小写金额前应加注货币符号，如“¥”、“HK”、“US”等。大写金额有“分”的，后面不加“整”字，其余一律在末尾加“整”字，大写金额前还应加注币值单位，注明“人民币”、“美元”、“港币”等字样，且币值单位与金额数字之间以及各金额数字之间不得留有空隙。凡填有大写和小写金额的原始凭证，大写与小写金额必须相符。

（6）从外单位取得和对外开出的原始凭证必须盖有填制单位的公章。其中，发票和收据必须盖有税务部门或财政部门监制章。从个人处取得的原始凭证，必须有填制人员的签名或者盖章。自制原始凭证必须有经办人员和部门负责人签名或者盖章。收付款项的原始凭证应由出纳人员签名或盖章，并分别加“现金收讫”、“现金付讫”、“银行收讫”、“银行付讫”章，转账凭证必须加盖“转讫”章。

（7）购买实物的原始凭证，必须有验收证明。实物验收工作由经管实物的人员负责办理，会计人员通过有关的原始凭证进行监督检查。需要入库的实物，必须填写入库验收单，由实物保管人员验收后在入库单上如实填写实收数额，并加盖印章。不需要入库的实物，除经办人员在凭证上签名外，必须交给实物保管人员或者使用人员进行验收，由实物

保管人员或者使用人员在凭证上签名或者盖章。

(8) 一式几联的原始凭证，应当注明各联的用途，只能以一联作为报销凭证。一式几联的发票和收据，必须用双面复写纸（发票和收据本身具备复写纸功能的除外）套写，并连续编号。作废时应当加盖“作废”戳记，连同存根一起保存，不得撕毁。

(9) 发生销货退回的，除填制退货发票外，还必须有退货验收证明；退款时，必须取得对方的收款收据或者汇款银行的凭证，不得以退货发票代替收据。

(10) 职工公出借款凭据，必须附在记账凭证之后。收回借款时，应当另开收据或者退还借据副本，不得退还原借款收据。

(11) 经上级有关部门批准的经济业务，应当将批准文件作为原始凭证附件。如果批准文件需要单独归档的，应当在凭证上注明批准机关名称、日期和文件字号。

三、实验资料

名称：滨江空调机厂　　　　地址：滨江市和平路 13 号

电话：88237160　　　　　　纳税人识别号：230102100120054

开户行及账号：工商行十二支行 211040003－91

实验中发生的经济业务均以“滨江空调机厂”为会计主体。

四、实验要求

(1) 根据滨江空调机厂 2009 年 1 月份发生的四笔经济业务填制原始凭证。

(2) 说明各项经济业务分别应填制何种记账凭证，各应附有哪些原始凭证。

(3) 说明各项经济业务中会计凭证传递的程序。

五、实验设计

(1) 对实验中涉及的银行转账结算方式、增值税的基本内容及会计处理等内容，基础会计中尚未学习，指导教师应将其基本内容简要予以介绍（下同）。

(2) 实验资料列示了四项经济业务的全部原始单据。实验中要求学生正确填制原始凭证，引导学生辨别各联单据的不同用途，使学生了解上列各项业务中会计凭证传递的一般程序。

(3) 实验中可以组织学生对机构设置、会计人员配备不同的企业，自行设计会计凭证传递程序。

(4) 实验中三项要求可分别进行，实验时间约需 100 分钟。

六、具体实验

(1) 1 月 6 日，根据本月份工资结算汇总表，从银行提取现金，以备发放工资。签发现金支票（见图 2—1）一张，金额 105 004.70 元。

(2) 1 月 14 日，采用提货制销售产品一批，销售科业务员开出增值税专用发票一式四联。购货方采购员持发票到财务科以转账支票办理货款结算，财会人员收取支票后，当日填写转账存款单送存银行。

中 国 工 商 银 行
现 金 支 票 存 根

D/0 B/2 2009231

科　　目 ______________

对方科目 ______________

出票日期　年　月　日

收款人
金额
用途

单位主管　　会计

中国工商银行　现金支票

出票日期(大写)　　年　月　日　付款行名称：

收款人：　　出票人账号：

人民币（大写）	亿	千	百	十	万	千	百	十	元	角	分

上列款项请从我账户内支付
出票人签章

科目(借) ....
对方科目 ....
付讫日期 ....
出纳　复核　记账

贴对账号单处

D/0 B/2 2009231

图 2—1　银行现金支票票样

单据一：销售科业务员开出增值税专用发票一式四联（见图 2—2）。

6100033140　　　　**黑龙江增值税专用发票**

开票日期：2009 年 01 月 14 日　　　　NO. 0063490

购货单位	名称	安庆石化总厂	纳税人登记号	280602100100027
	地址、电话	安庆新村　4628743	开户银行及账号	工商行三分行　20100354

商品或劳务名称	计量单位	数量	单价	金额 百	十	万	千	百	十	元	角	分	税率（%）	税额 百	十	万	千	百	十	元	角	分
E-1 型风机	台	5	1 200.00				6	0	0	0	0	0	17				1	0	2	0	0	0
合计						¥	6	0	0	0	0	0				¥	1	0	2	0	0	0

价税合计（大写）	柒仟零贰拾元整	（小写）¥7020.00

销货单位	名称	滨江空调机厂	纳税人登记号	230102100120054
	地址、电话	滨江市和平路 13 号	开户银行及账号	工商银行十二支行 211040003－91

收款人：　　　　复核：　　　　开票人：　　　　销货单位（未盖章无效）

第一联　存根联　销货方留存备查

图 2—2（a）　增值税专用发票（一式四联）存根联

6100033140　　　　**黑龙江增值税专用发票**

开票日期：2009 年 01 月 14 日　　　　NO. 0063490

购货单位	名称	安庆石化总厂	纳税人登记号	280602100100027
	地址、电话	安庆新村　4628743	开户银行及账号	工商行三分行　20100354

商品或劳务名称	计量单位	数量	单价	金额 百	十	万	千	百	十	元	角	分	税率（%）	税额 百	十	万	千	百	十	元	角	分
E-1 型风机	台	5	1 200.00				6	0	0	0	0	0	17				1	0	2	0	0	0
合计						¥	6	0	0	0	0	0				¥	1	0	2	0	0	0

价税合计（大写）	柒仟零贰拾元整	（小写）¥7020.00

销货单位	名称	滨江空调机厂	纳税人登记号	230102100120054
	地址、电话	滨江市和平路 13 号	开户银行及账号	工商银行十二支行 211040003－91

收款人：　　　　复核：　　　　开票人：　　　　销货单位（未盖章无效）

第二联　发票联　购货方记账凭证

图 2—2（b）　增值税专用发票（一式四联）发票联

6100033140　　　　　　　　　　**黑龙江增值税专用发票**

开票日期：2009 年 01 月 14 日　　　　　　　　　　　　　　　　　　NO. 0063490

购货单位	名称	安庆石化总厂	纳税人登记号	280602100100027
	地址、电话	安庆新村　4628743	开户银行及账号	工商行三分行　20100354

商品或劳务名称	计量单位	数量	单价	金额（百十万千百十元角分）	税率（%）	税额（百十万千百十元角分）
E-1 型风机	台	5	1 200.00	600000	17	102000
合计				¥600000		¥102000
价税合计（大写）	柒仟零贰拾元整				（小写）¥7020.00	

销货单位	名称	滨江空调机厂	纳税人登记号	230102100120054
	地址、电话	滨江市和平路 13 号	开户银行及账号	工商银行十二支行 211040003－91

收款人：　　　　复核：　　　　开票人：　　　　　　　　销货单位（未盖章无效）

第三联　抵扣联　购货方扣税凭证

图 2—2（c）　增值税专用发票（一式四联）抵扣联

6100033140　　　　　　　　　　**黑龙江增值税专用发票**

开票日期：2009 年 01 月 14 日　　　　　　　　　　　　　　　　　　NO. 0063490

购货单位	名称	安庆石化总厂	纳税人登记号	280602100100027
	地址、电话	安庆新村　4628743	开户银行及账号	工商行三分行　20100354

商品或劳务名称	计量单位	数量	单价	金额（百十万千百十元角分）	税率（%）	税额（百十万千百十元角分）
E-1 型风机	台	5	1 200.00	600000	17	102000
合计				¥600000		¥102000
价税合计（大写）	柒仟零贰拾元整				（小写）¥7020.00	

销货单位	名称	滨江空调机厂	纳税人登记号	230102100120054
	地址、电话	滨江市和平路 13 号	开户银行及账号	工商银行十二支行 211040003－91

收款人：　　　　复核：　　　　开票人：　　　　　　　　销货单位（未盖章无效）

第四联　记账联　购货方记账凭证

图 2—2（d）　增值税专用发票（一式四联）记账联

单据二：购货方采购员持发票到财务科以转账支票（见图 2—3）办理货款结算。

单据三：财会人员收取支票后，当日填写转账存款单送存银行，填写银行进账单一式三联（见图 2—4）。

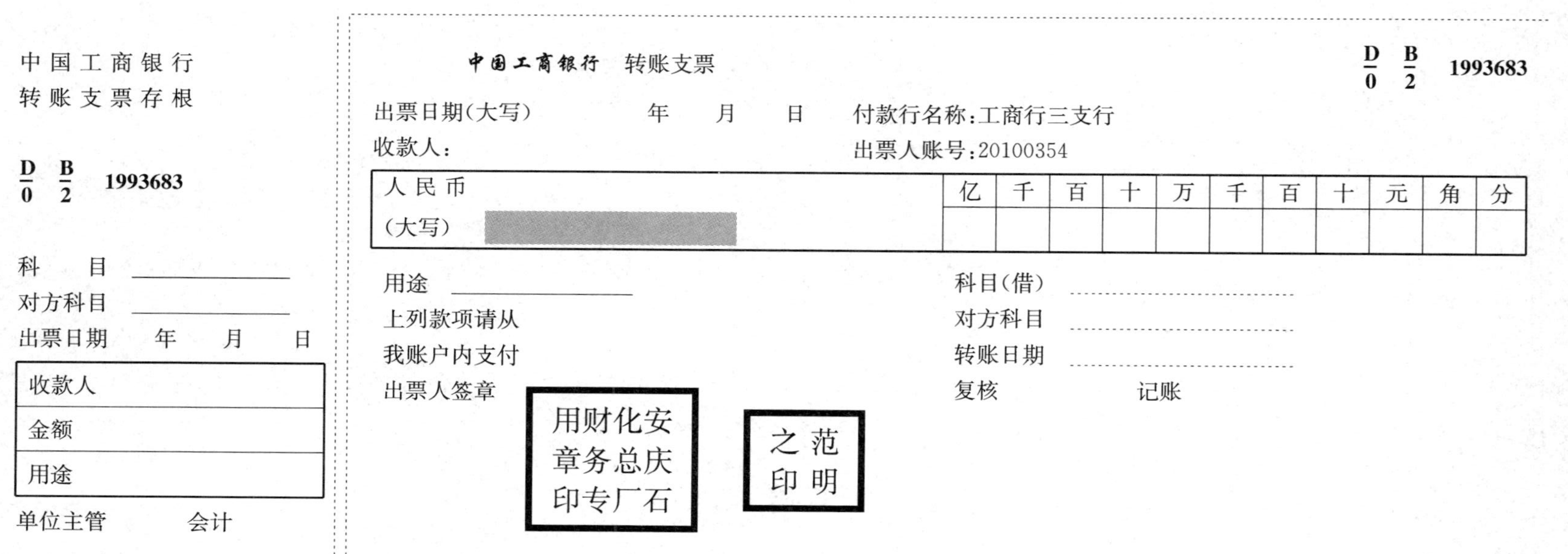

中国工商银行
转账支票存根

$\frac{D}{0}$ $\frac{B}{2}$ 1993683

科　目 ____________
对方科目 ____________
出票日期　年　月　日

收款人
金额
用途

单位主管　会计

中国工商银行　转账支票　$\frac{D}{0}$ $\frac{B}{2}$ 1993683

出票日期(大写)　年　月　日　付款行名称:工商行三支行

收款人:　出票人账号:20100354

人民币 (大写)	亿	千	百	十	万	千	百	十	元	角	分

用途 ____________　科目(借) ____________
上列款项请从　对方科目 ____________
我账户内支付　转账日期 ____________
出票人签章　复核　记账

用财化安
章务总庆
印专厂石

之范
印明

图 2—3　银行转账支票票样

中国工商银行进账单（回　单）　　①

20　年　月　日　　　　第 25 号

收款人	全　称		付款人	全　称	
	账　号			账　号	
	开户银行			开户银行	
人民币（大写）					千百十万千百十元角分
票据种类					收款人开户银行盖章
票据张数					
单位主管　会计　复核　记账					

此联是银行交给收款人的回单

图 2—4（a）　银行进账单（一式三联）第一联

中国工商银行进账单（贷方凭证）　　②

20　年　月　日　　　　第 25 号

收款人	全　称		付款人	全　称	
	账　号			账　号	
	开户银行			开户银行	
人民币（大写）					千百十万千百十元角分
票据种类					收款人开户银行盖章
票据张数					
单位主管　会计　复核　记账					

此联由收款人开户银行作贷方凭证

图 2—4（b）　银行进账单（一式三联）第二联

中国工商银行进账单（收账通知）　　③

20　年　月　日　　　　第 25 号

收款人	全　称		付款人	全　称	
	账　号			账　号	
	开户银行			开户银行	
人民币（大写）					千百十万千百十元角分
票据种类					收款人开户银行盖章
票据张数					
单位主管　会计　复核　记账					

此联是银行给收款人的收账通知

图 2—4（c）　银行进账单（一式三联）第三联

（3）1 月 20 日，出纳员将多余库存现金 3 500 元送存银行，填写现金存款单一张（一式三联），如图 2—5 所示（面额 100 元 30 张；面额 50 元 10 张）。

中国工商银行现金存款单（收账通知）　①

20　年　月　日

<table>
<tr><td rowspan="2">收款
单位</td><td>全称</td><td colspan="5"></td><td colspan="2">款项来源</td><td colspan="9"></td></tr>
<tr><td>账号</td><td colspan="2"></td><td>开户银行</td><td colspan="2"></td><td colspan="2">交款单位</td><td colspan="9"></td></tr>
<tr><td colspan="8" rowspan="2">人民币（大写）</td><td>千</td><td>百</td><td>十</td><td>万</td><td>千</td><td>百</td><td>十</td><td>元</td><td>角</td><td>分</td></tr>
<tr><td></td><td></td><td></td><td></td><td></td><td></td><td></td><td></td><td></td><td></td></tr>
<tr><td rowspan="2">辅币</td><td>券别</td><td>伍角</td><td>贰角</td><td>壹角</td><td>伍分</td><td>贰分</td><td>壹分</td><td colspan="10">收款员收讫</td></tr>
<tr><td>张数</td><td></td><td></td><td></td><td></td><td></td><td></td><td colspan="10">复核员</td></tr>
<tr><td rowspan="2">主币</td><td>券别</td><td colspan="2">壹佰元</td><td colspan="2">伍拾元</td><td colspan="2">拾元</td><td colspan="3">伍元</td><td colspan="3">贰元</td><td colspan="4">壹元</td></tr>
<tr><td>张数</td><td colspan="2"></td><td colspan="2"></td><td colspan="2"></td><td colspan="3"></td><td colspan="3"></td><td colspan="4"></td></tr>
</table>

第一联　由银行盖章后退回单位

图 2—5（a）　银行现金存款单（一式三联）第一联

中国工商银行现金存款单（收入凭证）　②

20　年　月　日

<table>
<tr><td rowspan="2">收款
单位</td><td>全称</td><td colspan="5"></td><td colspan="2">款项来源</td><td colspan="9"></td></tr>
<tr><td>账号</td><td colspan="2"></td><td>开户银行</td><td colspan="2"></td><td colspan="2">交款单位</td><td colspan="9"></td></tr>
<tr><td colspan="8" rowspan="2">人民币（大写）</td><td>千</td><td>百</td><td>十</td><td>万</td><td>千</td><td>百</td><td>十</td><td>元</td><td>角</td><td>分</td></tr>
<tr><td></td><td></td><td></td><td></td><td></td><td></td><td></td><td></td><td></td><td></td></tr>
<tr><td rowspan="2">辅币</td><td>券别</td><td>伍角</td><td>贰角</td><td>壹角</td><td>伍分</td><td>贰分</td><td>壹分</td><td colspan="10">收款员收讫</td></tr>
<tr><td>张数</td><td></td><td></td><td></td><td></td><td></td><td></td><td colspan="10">复核员</td></tr>
<tr><td rowspan="2">主币</td><td>券别</td><td colspan="2">壹佰元</td><td colspan="2">伍拾元</td><td colspan="2">拾元</td><td colspan="3">伍元</td><td colspan="3">贰元</td><td colspan="4">壹元</td></tr>
<tr><td>张数</td><td colspan="2"></td><td colspan="2"></td><td colspan="2"></td><td colspan="3"></td><td colspan="3"></td><td colspan="4"></td></tr>
</table>

第二联　收款人开户银行作贷方凭证

图 2—5（b）　银行现金存款单（一式三联）第二联

中国工商银行现金存款单（出纳留存）　③

20　年　月　日

<table>
<tr><td rowspan="2">收款
单位</td><td>全称</td><td colspan="5"></td><td colspan="2">款项来源</td><td colspan="9"></td></tr>
<tr><td>账号</td><td colspan="2"></td><td>开户银行</td><td colspan="2"></td><td colspan="2">交款单位</td><td colspan="9"></td></tr>
<tr><td colspan="8" rowspan="2">人民币（大写）</td><td>千</td><td>百</td><td>十</td><td>万</td><td>千</td><td>百</td><td>十</td><td>元</td><td>角</td><td>分</td></tr>
<tr><td></td><td></td><td></td><td></td><td></td><td></td><td></td><td></td><td></td><td></td></tr>
<tr><td rowspan="2">辅币</td><td>券别</td><td>伍角</td><td>贰角</td><td>壹角</td><td>伍分</td><td>贰分</td><td>壹分</td><td colspan="10">收款员收讫</td></tr>
<tr><td>张数</td><td></td><td></td><td></td><td></td><td></td><td></td><td colspan="10">复核员</td></tr>
<tr><td rowspan="2">主币</td><td>券别</td><td colspan="2">壹佰元</td><td colspan="2">伍拾元</td><td colspan="2">拾元</td><td colspan="3">伍元</td><td colspan="3">贰元</td><td colspan="4">壹元</td></tr>
<tr><td>张数</td><td colspan="2"></td><td colspan="2"></td><td colspan="2"></td><td colspan="3"></td><td colspan="3"></td><td colspan="4"></td></tr>
</table>

第三联　出纳留存

图 2—5（c）　银行现金存款单（一式三联）第三联

（4）1 月 26 日，采购员张伟报销差旅费，原借款 3 000 元，余款退回，由出纳员开出收据一张。

单据一：张伟报销差旅费单据（见图 2—6）一张。

差旅费报销单

单位：　　　　　　　　　　　　2009 年 01 月 26 日

出发地			到达地			公出补助			车船飞机费	卧铺	宿费	市内车费	邮电费	其他	合计金额
月	日	地点	月	日	地点	天数	标准	金额							
1	1	滨江	1	1	广州	15	8	120.00	900.00		300.00	30.00	50.00	400.00	1 800.00
1	16	广州	1	16	滨江				900.00						900.00
合计人民币（大写）	贰仟柒佰元整														¥2 700.00
备　注															

附件 10 张

单位领导：刘　军　　　财务主管：　　　公出人姓名：张　伟　　　审核人：王　冰

图 2—6　差旅费报销单

单据二：出纳员开出收据一式三联，见图 2—7。

收　据

20　年　月　日　　　　　　　　第 19 号

今收到					
人民币（大写）	¥				
事由				现金	
				支票第　　号	
收款单位		财务主管		收款人	

第一联　存根

图 2—7（a）　收据（一式三联）存根联

收　据

20　年　月　日　　　　　　　　第 19 号

今收到					
人民币（大写）	¥				
事由				现金	
				支票第　　号	
收款单位		财务主管		收款人	

第二联　记账凭证

图 2—7（b）　收据（一式三联）记账联

收　据

20　年　月　日　　　　　　　　第 19 号

今收到					
人民币（大写）	¥				
事由				现金	
				支票第　　号	
收款单位		财务主管		收款人	

第三联　收据

图 2—7（c）　收据（一式三联）收据联

实验三　原始凭证的审核

一、实验目的

通过实验使学生掌握原始凭证的审核内容。

二、原始凭证的审核要求和方法

（一）审核原始凭证的内容和填制手续是否合规

主要核实凭证所记录的经济业务是否与实际情况相符；凭证必须具备的基本内容是否填写齐全；文字和数字是否填写正确、清楚；有关人员是否签字盖章。审核中若发现不符合实际情况、手续不完备或数字计算不正确的原始凭证，应退回有关经办部门或人员，要求他们予以补办手续。

（二）审核原始凭证反映的经济业务内容是否合理、合法

主要查明发生的经济业务是否符合国家的政策、法令和制度，有无违反财经纪律等违法乱纪的行为。

（三）技术性审核

根据原始凭证的填写要求，审核原始凭证的摘要和数字及其他项目是否填写正确，数量、单价、金额、合计是否填写正确，大、小写金额是否相符。若有差错，应退回经办人员予以更正。

三、实验资料

四笔经济业务的资料附后。

四、实验要求

对上述经济业务的原始凭证进行审核，并指出存在的问题。

五、实验设计

（1）对原始凭证所记载的经济业务在内容上进行审核。检查各项经济业务在哪些方面违背了有关法规、政策、财经纪律、制度的规定，是否合理。

（2）对原始凭证的填写情况进行审核。检查项目填写是否完整，计算是否准确，手续是否完备。

（3）实验时间约需 20 分钟。

六、具体实验

滨江空调机厂 2009 年 2 月份发生的几项经济业务涉及下列原始凭证。

(1) 采购员张宁 2 月 10 日赴上海参加商品交易会，2 月 1 日填写借据（见图 3—1）一份，预借差旅费。

(2) 2 月 5 日销售科业务员持发票（见图 3—2）报销以现金支付的业务招待费。

(3) 采购员张宁 2 月 26 日出差回来报销差旅费。根据财务管理制度规定，因公出差住勤标准每人每日 20 元，伙食补助标准每人每日 8 元。市内车费标准每日 2 元。张宁根据有关原始单据如实填写差旅费报销单（见图 3—3）一张（附单据 21 张略）。

借 据

2009 年 02 月 01 日　　　　第 12 号

借款单位	厂　部			金　额							
人民币（大写）：×拾×万伍仟零佰零拾零元零角零分				十	万	千	百	十	元	角	分
						5	0	0	0	0	0
借款理由：											
领导批示	财务负责人	借款单位负责人	借款人								
刘　军			张　宁								

图 3—1　借据

(93)

滨江市饮食业统一发票　　　　服务三字

客户名称：空调机厂　　　　2009 年 02 月 05 日　　　　NO. 0987654

项目	单位	数量	单价	金　额							备　注
				万	千	百	十	元	角	分	
餐费					2	8	2	3	6	0	
人民币（大写）：贰仟捌佰贰拾叁圆陆角整											

填票人：　　　　收款人：　　　　单位名称（盖章）

图 3—2　饮食业统一发票

差 旅 费 报 销 单

单位：　　　　　　　　　　　　　　2009 年 02 月 26 日

出发地			到达地			公出补助			车船飞机费	卧铺	宿费	市内车费	邮电费	其他	合计金额
月	日	地点	月	日	地点	天数	标准	金额							
2	5	哈尔滨	2	7	南京	2	8	16		140	100	40	10	公文包 400	1 800.00
2	9	南京	2	9	苏州	2	8	16	24		80	30	10		900.00
2	11	苏州	2	11	杭州	2	8	16	38		30	20	4		
2	13	杭州	2	13	上海	3	8	40	26		100	60	10		
2	16	上海	2	18	哈尔滨					200				样品 2000	
合计人民币（大写）叁仟伍佰圆整															￥3 500
备　注															

附件 10 张

单位领导：刘　军　　　财务主管：　　　公出人姓名：张　宁　　　审核人：王　冰

图 3—3　差旅费报销单

（4）办公室秘书凭票据（见图 3—4）报销支付给新华印刷的资料印刷费 458 元。

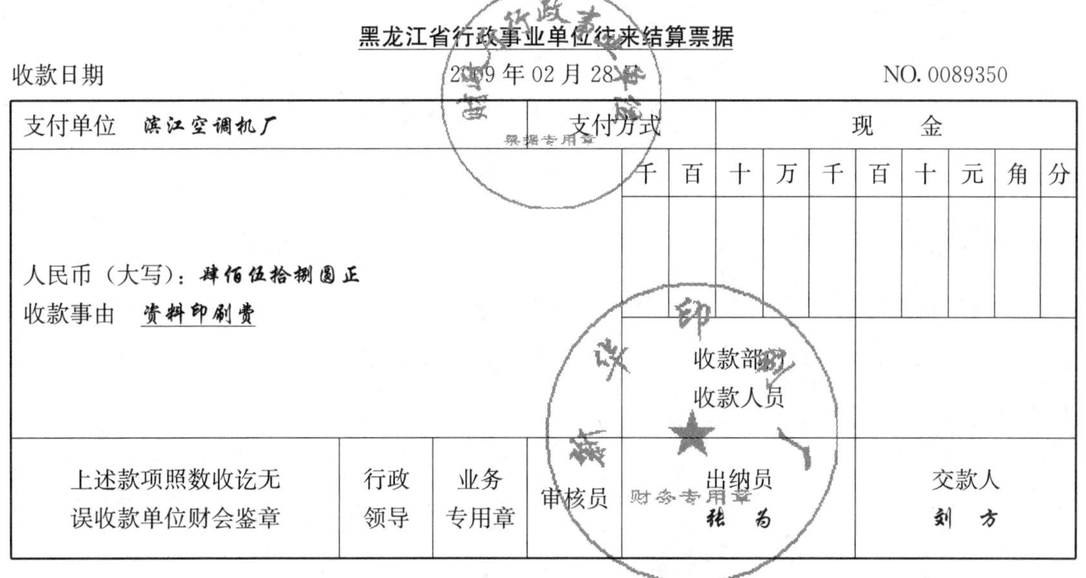

黑龙江省行政事业单位往来结算票据

收款日期　　　　2009 年 02 月 28 日　　　　NO. 0089350

支付单位　滨江空调机厂			支付方式	现　金									
人民币（大写）：肆佰伍拾捌圆正 收款事由　资料印刷费				千	百	十	万	千	百	十	元	角	分
				收款部门 收款人员									
上述款项照数收讫无误收款单位财会鉴章	行政领导	业务专用章	审核员	出纳员 张　为					交款人 刘　方				

图 3—4　行政事业单位往来结算票据

实验四　复式记账凭证的填制

一、实验目的

通过实验使学生了解发生各种不同经济业务，取得原始凭证之后，复式记账凭证的填制方法。

二、记账凭证的编制要求

一般来说，记账凭证的编制要求同原始凭证的编制要求差不多，但要注意以下几个方面。

（一）填写摘要

摘要是在记账凭证的摘要栏中用简洁明了的语言对经济业务的概括表述，它既是对经济业务的简要说明，又是登记账簿的重要依据，必须根据不同经济业务的性质和特点，正确地填写，不可漏填或错填。

（二）科目应用

必须按照会计制度规定的会计科目编制会计分录，以便从科目的对应关系中反映出经济业务的来龙去脉，保证会计核算的正确性。会计科目的使用应符合国家统一会计制度的规定，不得改变会计科目的核算内容，不得简化或改变会计科目的名称。使用会计科目图章的，应与横格底线平行盖正。

（三）连续编号

记账凭证在一个月内应当连续编号，以便核查。在使用通用凭证时，可按经济业务发生的顺序编号。采用收款凭证、付款凭证和转账凭证的，可采用“字号编号法”，即按凭证类别顺序编号。例如，收字第×号、付字第×号、转字第×号等。也可采用“双重编号法”，即按总字顺序编号与按类别顺序编号相结合。例如，某收款凭证为“总字第 5 号，收字第 1 号”。一笔经济业务，如果业务比较复杂，涉及的会计科目比较多，一张记账凭证写不下时，就需要编制多张记账凭证，这时记账凭证的编号可采用“分数编号法”。例如，在编制顺序号为第 15 号记账凭证时，该笔经济业务需要编制两张转账凭证，其编号可编为“转字 15—1/2 号”、“转字 15—2/2 号”。前面的整数表示业务顺序号，分母上的数字表示该业务顺序号的凭证共有两张，分子表示两张中的第一张或第二张。

（四）编制日期

收、付款凭证应按货币资金收付的日期填写。转账凭证原则上应按收到原始凭证的日期填写。如果一份转账凭证依据不同日期的某类原始凭证编制时，可按编制记账凭证的日期填写。在月终时，有些转账业务要等到下月初方可编制转账凭证时，也应按本月末的日

期填写。

（五）金额的填写

记账凭证填写的金额要与原始凭证金额相同。在记账前，发现记账凭证中的会计科目用错、记账方向填错或金额错误，一律作废，重新填制记账凭证。

（六）注销空行

记账凭证填制完经济业务事项后，应在金额栏最后一笔数字与合计数之间的空行处，从右上角向左下角划斜线注销。

（七）注明附件

记账凭证应注明所附的原始凭证张数，以便核查。如果根据同一原始凭证编制数张记账凭证时，则应在未附原始凭证的记账凭证上注明“附件××张，见第××号记账凭证”。如果原始凭证需要另行保管时，则应在附件栏目内加以注明，但更正错账和结账的记账凭证可以不附原始凭证。

在采用收款凭证、付款凭证和转账凭证等专用记账凭证的情况下，凡涉及现金和银行存款的收入业务，应编制收款凭证；凡涉及现金和银行存款的付出业务，应编制付款凭证；涉及转账业务，应编制转账凭证。在同一项经济业务中，如果既涉及现金或银行存款的收付款业务，又涉及转账业务，应当分别编制收、付款凭证和转账凭证。例如，业务员王林出差回来，实际应报销差旅费 1 800 元，出差前已预借 2 000 元，多余款项交回现金。对于这项经济业务应根据收款收据的记账联编制现金收款凭证，同时根据差旅费报销凭单编制转账凭证。

应当注意的是涉及现金和银行存款之间的转账业务时，为了避免重复记账，依照惯例只编制付款凭证，不再编制收款凭证。如现金存入银行只编制一张现金付款凭证。例如，将现金 6 000 元送存银行，出纳人员根据审核无误的原始凭证，编制现金付款凭证。同理，对于从银行提取现金的经济业务，只编制一张银行存款付款凭证。例如，从银行提取现金 5 000 元，以备零星开支之用。出纳人员根据审核无误的原始凭证，编制银行存款付款凭证。

（八）签字盖章

记账凭证编制完毕，应进行复核与检查，并按所使用的记账方法进行试算平衡。有关人员均要签名盖章。

（九）书写规范

填制会计凭证，字迹必须清晰、工整，符合规范。记账凭证应按照《会计基础工作规范》要求填制。

（十）更正错误

已经登记入账的记账凭证，在当年内发现填写错误时，可以用红字填写一张原内容相同的记账凭证，在摘要栏注明“注销某月某日某号凭证”字样，同时再用蓝字重新填制一张正确的记账凭证，说明“订正某月某日某号凭证”字样。如果会计科目没有错误，只是金额错误，也可以将正确数字与错误数字之间的差额，另附一张调整的记账凭证，调增金额用蓝字，调减金额用红字。发现以前年度记账凭证有错误的，应当用蓝字填制一张更正的记账凭证。

三、实验资料

三十二笔业务，资料附后。

四、实验要求

（1）根据各项经济业务的原始凭证，分别填制复式记账凭证。

（2）将填制的记账凭证及所附原始凭证装订成册。

五、实验设计

（1）在填制记账凭证之前，应根据原始凭证所反映的各项经济业务的发生情况，明确记账凭证各项目应填写的内容。

（2）实验为滨江空调机厂 4 月份部分经济业务的发生情况。

（3）实验时间约需 200 分钟。

六、具体实验

滨江空调机厂 2009 年 4 月发生的经济业务涉及下列原始凭证。

（1）4 月 2 日，向银行借款，存入银行存款户，借款借据见图 4—1。

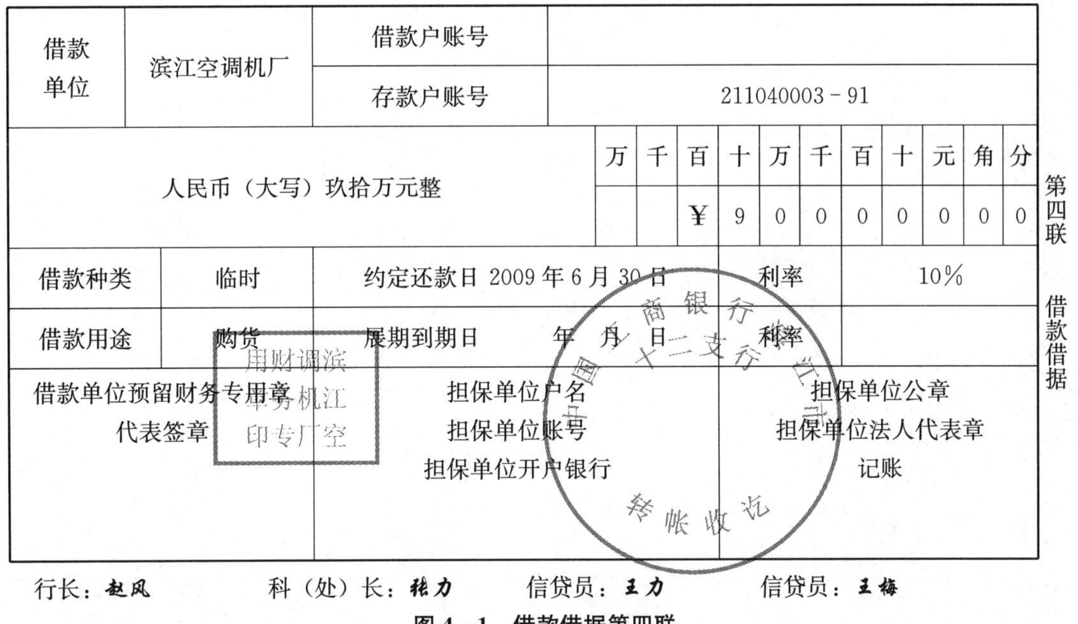

借 款 借 据（代收账通知）

贷出日期 2009 年 04 月 02 日

借款单位	滨江空调机厂	借款户账号	
		存款户账号	211040003－91

人民币（大写）玖拾万元整	万	千	百	十	万	千	百	十	元	角	分
			¥	9	0	0	0	0	0	0	0

借款种类	临时	约定还款日 2009 年 6 月 30 日	利率	10%
借款用途	购货	展期到期日　　年　月　日	利率	

借款单位预留财务专用章 代表签章	担保单位户名 担保单位账号 担保单位开户银行	担保单位公章 担保单位法人代表章 记账

第四联 借款借据

行长：赵风　　科（处）长：张力　　信贷员：王力　　信贷员：王梅

图 4—1　借款借据第四联

（2）4 月 2 日，购入运输卡车，已交付使用（其他费用略），银行转账支票存根见图 4—2，增值税专用发票见图 4—3。

中国工商银行
转账支票存根

$\frac{D}{0}$ $\frac{B}{2}$ 2834521

科　　目　银行存款

对方科目　固定资产

出票日期　2009 年 4 月 02 日

收款人	龙华汽车厂
金　额	234 000.00
用　途	购货车款

单位主管　张明　　会计　王锐

图 4—2　银行转账支票存根

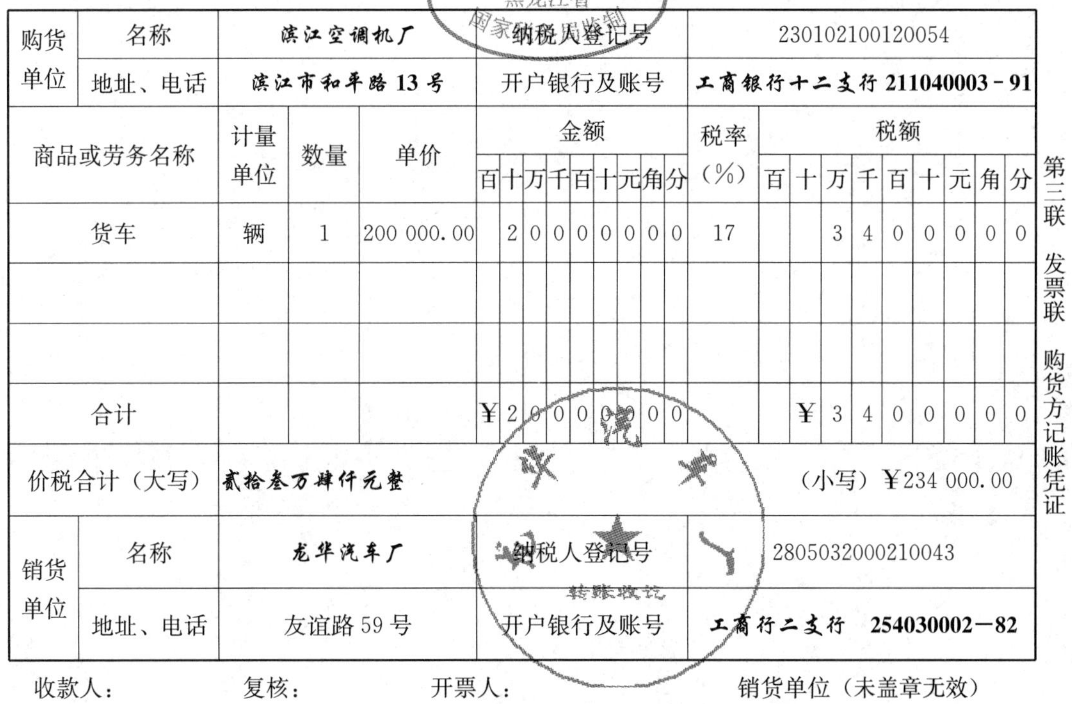

6100033140　　黑龙江增值税专用发票

开票日期：2009 年 04 月 02 日　　NO. 0087205

购货单位	名称	滨江空调机厂	纳税人登记号	230102100120054
	地址、电话	滨江市和平路 13 号	开户银行及账号	工商银行十二支行 211040003－91

商品或劳务名称	计量单位	数量	单价	金额									税率（%）	税额								
				百	十	万	千	百	十	元	角	分		百	十	万	千	百	十	元	角	分
货车	辆	1	200 000.00		2	0	0	0	0	0	0	0	17			3	4	0	0	0	0	0
合计				¥	2	0	0	0	0	0	0	0			¥	3	4	0	0	0	0	0
价税合计（大写）	贰拾叁万肆仟元整													（小写）¥234 000.00								

销货单位	名称	龙华汽车厂	纳税人登记号	2805032000210043
	地址、电话	友谊路 59 号	开户银行及账号	工商行二支行　254030002－82

第三联　发票联　购货方记账凭证

收款人：　　复核：　　开票人：　　销货单位（未盖章无效）

图 4—3　增值税专用发票发票联

（3）4 月 2 日，提取现金，以备零星使用，银行现金支票存根见图 4—4。

（4）4 月 2 日，开出转账支票支付电话费，银行转账支票存根见图 4—5，电信租费收据见图 4—6。

（5）4 月 3 日，以现金购买办公用品，并已发放使用，发票见图 4—7。

中 国 工 商 银 行
现 金 支 票 存 根

D/0 B/2 2009232

科　　目　库存现金
对方科目　银行存款
出票日期　2009 年 04 月 02 日

收款人　滨江空调机厂
金　额　1 000.00
用　途　备用金

单位主管　张明　　会计　王锐

图 4—4　银行现金支票存根

中 国 工 商 银 行
转 账 支 票 存 根

D/0 B/2 2834535

科　　目　银行存款
对方科目　管理费用
签发日期　2009 年 04 月 02 日

收款人　滨江市河图电信分局
金　额　5 110.00
用　途　电话费

单位主管　张明　　会计　王锐

图 4—5　银行转账支票存根

滨江市电信租费收据　No 8946

收款日期：2009 年 04 月 02 日	
用户名称：滨江空调机厂	
电话号	合同号
市话费	4 250
长话费	860
变动费	0.00
金额合计	110
滞纳金	0.00
实收费	5 110
合计人民币（大写）伍仟壹佰壹拾元整	

滨江市河图电信分局　转账收讫

图 4—6　电信租费收据

滨江市商业零售企业统一发票 商零六字 NO. 0973562

第二联：发票联

购货单位：滨江空调机厂 2009 年 04 月 03 日

货号	名称	规格	等级	单位	数量	单价	金额 百	十	万	千	百	十	元	角	分
	印纸			箱	2	150.00					3	0	0	0	0
合计金额（大写）：叁佰零拾零元零角零分										¥	3	0	0	0	0

此联为报销凭证

单位盖章： 收款人：王 平 制票人：赵 英

滨江市文具用品商店 现金收讫

图 4—7 商业零售企业统一发票

（6）4 月 4 日，生产百叶窗领用 4 吨铝材，生产风机领用 2 吨铝材，共计 6 吨，领料单见图 4—8。

领 料 单

用途：产品生产 2009 年 04 月 04 日 NO. 85463

材料类别	材料编号	材料名称及规格	计量单位	数量 请领	实领	单价	金额
原料及主要材料		3mm 铝材	T	6	6	23 500	141 000
		风机用 2 吨					
		百叶窗用 4 吨					
合 计				6	6	¥23 500	¥141 000

第二联 记账联

记账：王锐 发料：李平 领料部门负责人：郭锋 领料：刘晓东

图 4—8 领料单记账联

（7）4 月 8 日，购入钢管，规格为 25mm，验收入库。银行电汇凭证见图 4—9，铁路局运杂费发票见图 4—10，增值税专用发票见图 4—11。

中国工商银行 电汇凭证（回单）

委托日期 2009 年 04 月 08 日

收款人	全称	滨江空调机厂			收款人	全称	海东钢管厂						
	账号地址	211040003－91				账号地址	240120241						
	汇出地点	黑龙江省滨江市	汇出行名称	047		汇入地点	上海市	汇入行名称	工商行十支行				
汇款金额	人民币：肆万贰仟玖佰捌拾元整（大写）						百	十	万	千	百	十	元	角	分
								¥	4	2	9	8	0	0	0
工款用途	购货款						汇出行盖章	2009 年 04 月 25 日					
上列款项已根据委托办理，如需查询，请持此回单来行面洽													

中国工商银行滨江市十支行 转讫

图 4—9 银行电汇凭证

铁路局运杂费专用发票

运输号码　7546　　　　　　　　　　　　　　　　　　上海铁路局　NO. 865494

发站	上海	到站	滨江市	车种车号			货车自重	
集装箱型	HG	运到期限		保价金额			运价里程	
收货人	全称	滨江空调机厂	发货人	全称	海东钢管厂		现付费用	
	地址	滨江市和平路 13 号		地址	浦东新区		项目	金额
货物名称	件数	货物重量	计费重量	运价号	运价费	附记	运费	600.00
钢管	4	8 吨					保险费	150.00
							其他	110.00
发货人声明事项								
铁路声明事项							合计	860.00

发站承运日期戳　　　　　　　　　　发站经办人：刘兴

图 4—10　铁路局运杂费专用发票

6100033140　　　　　　　　**黑龙江增值税专用发票**

开票日期：2009 年 04 月 08 日　　　　　　　　　　　　NO. 0078300

购货单位	名称	滨江空调机厂	纳税人登记号	230102100120054
	地址、电话	滨江市和平路 13 号	开户银行及账号	工商银行十二支行 211040003－91

商品或劳务名称	计量单位	数量	单价	金额 百	十	万	千	百	十	元	角	分	税率（%）	税额 百	十	万	千	百	十	元	角	分
钢管	吨	8	4 500.00			3	6	0	0	0	0	0	17				6	1	2	0	0	0
合计					¥	3	6	0	0	0	0	0				¥	6	1	2	0	0	0

价税合计（大写）	肆万贰仟壹佰贰拾元整		（小写）¥ 42 120.00
销货单位 名称	海东钢管厂	纳税人登记号	430502100435221
地址、电话	上海	开户银行及账号	工商行十支行 240120241

收款人：　　　　复核：　　　　开票人：　　　　销货单位（未盖章无效）

第二联　发票联　购货方记账凭证

图 4—11（a）　增值税专用发票发票联

6100033140　　　　　　　　**黑龙江增值税专用发票**

开票日期：2009 年 04 月 08 日　　　　　　　　　　　　NO. 0078300

购货单位	名称	滨江空调机厂	纳税人登记号	230102100120054
	地址、电话	滨江市和平路 13 号	开户银行及账号	工商银行十二支行 211040003－91

商品或劳务名称	计量单位	数量	单价	金额 百	十	万	千	百	十	元	角	分	税率（%）	税额 百	十	万	千	百	十	元	角	分
钢管	吨	8	4 500.00			3	6	0	0	0	0	0	17				6	1	2	0	0	0
合计					¥	3	6	0	0	0	0	0				¥	6	1	2	0	0	0

价税合计（大写）	肆万贰仟壹佰贰拾元整		（小写）¥ 42 120.00
销货单位 名称	海东钢管厂	纳税人登记号	430502100435221
地址、电话	上海	开户银行及账号	工商行十支行 240120241

收款人：　　　　复核：　　　　开票人：　　　　销货单位（未盖章无效）

第三联　抵扣联　购货方扣税凭证

图 4—11（b）　增值税专用发票抵扣联

（8）4 月 22 日，购入材料，验收入库。银行转账支票存根见图 4—12，发票见图 4—13，材料入库通知单见图 4—14。

中 国 工 商 银 行
转 账 支 票 存 根

D/0 B/2 **2834540**

科　　目　银行存款
对方科目　原材料
出票日期　2009 年 04 月 22 日

收款人　北方铝材加工厂
金　额　234 000.00
用　途　购料款

单位主管　张明　　　会计　王锐

图 4—12　银行转账支票存根

工 业 企 业 销 售 统 一 发 票

购货单位：滨江空调机厂　　　　2009 年 04 月 28 日　　　　NO. 0987653

品名	规格	单位	数量	单价	金额									备注
铝板	Φ5mm	吨	10	23 400.00	百	十	万	千	百	十	元	角	分	
						2	3	4	0	0	0	0	0	
合计金额（大写）：贰拾叁万肆仟元整					¥	2	3	4	0	0	0	0	0	

第二联　报销凭证

单位盖章：　　　　收款人：李　明　　　　制票人：赵　平

图 4—13　工业企业销售统一发票报销联

材料入库通知单

滨江空调机厂　　2009年04月28日　　NO. 75483

材料名称	材质	规格	单位	数量		单价	金额	运杂费	金额合计	发货单位
				凭证	实收					北方铝材加工厂
铝板		Φ5mm	吨	1	10	23 400.00	234 000.00		234 000.00	
										合同号
										F1546
合计									¥ 234 000.00	

第二联　记账联

财务主管：张　明　　供应科长：郭　峰　　仓库验收：李　平　　采购员：张　宁

图 4—14　材料入库通知单记账联

（9）4月22日，银行结算一季度银行贷款利息，银行特种转账传票见图 4—15。

中国工商银行 特种转账传票

2009年04月22日

收款人	全称	利息收入			付款人	全称	滨江空调机厂		
	账号或地址					账号或地址	21140003－91		
	开户银行	工商行十二支行	行号	047		开户银行	工商	行号	047

金额	人民币（大写）：壹万贰仟元整	百	十	万	千	百	十	元	角	分
			¥	1	2	0	0	0	0	0

原凭证金额		赔偿金		借方科目________
原凭证名称		号码		贷方科目________
转账原因		银行盖章		合计　复核　记账　制单

中国工商银行滨江市十二支行

复核

图 4—15　银行特种转账传票

（10）4月23日，销售HB型百叶窗50台（需托运，单据附后），代办托运并办妥托收手续。银行托收承付凭证见图 4—16，发票见图 4—17，铁路运杂费发票见图 4—18，银行转账支票存根见图 4—19。

托收承付凭证（回单）　　第 17 号

委托日期 2009 年 04 月 27 日　　托收号码：287

收款人	全称	滨江空调机厂	付款人	全称	车满发电厂
	账号	211040003—91		账号	40500423
	开户银行	工商行十二支行		开户银行	中国工商行吉林一支行
委托收款金额	人民币（大写）：伍拾捌万陆仟肆佰伍拾元整		百十万千百十元角分	¥ 5 8 6 4 5 0 0 0	
附寄单证张数	3	商品发运情况	铁运	合同名称	HB—005
备注	款项收缴日期 年　月　日			开户银行盖章 2009 年 04 月 23 日	

此联是银行给收款人的回单

图 4—16　银行托收承付凭证回单

6100033140　　**黑龙江增值税专用发票**

开票日期：2009 年 04 月 23 日　　NO. 0078300

购货单位	名称	车满发电厂		纳税人登记号		150201000130047	
	地址、电话	吉林市和平村 10 号		开户银行及账号		工商行一支行 40500423	
商品或劳务名称		计量单位	数量	单价	金额（百十万千百十元角分）	税率（%）	税额（百十万千百十元角分）
百叶窗		台	50	10 000.00	5 0 0 0 0 0 0 0	17	8 5 0 0 0 0 0
合计					¥ 5 0 0 0 0 0 0 0		¥ 8 5 0 0 0 0 0
价税合计（大写）		伍拾捌万伍仟元整				（小写）¥ 585,000.00	
销货单位	名称	滨江空调机厂		纳税人登记号		230102100120054	
	地址、电话	滨江市和平路 13 号		开户银行及账号		工商银行十二支行 211040003－91	

收款人：张为　　复核：　　开票人：　　销货单位（未盖章无效）

第四联　记账联　销货方记账凭证

图 4—17　增值税专用发票记账联

铁路局运杂费专用发票

运输号码：6667　　滨江铁路局

发站	滨江	到站	吉林	车种车号		货车自重	
集装箱型	TV	运到期限		保价金额		运价里程	
收货人	全称	车满发电厂	发货人	全称	滨江空调机厂	现付费用	
	地址	吉林市和平村 10 号		地址	滨江市和平路 13 号	项目	金额
货物名称	件数	货物重量	计费重量	运价号	运价费	附记	运费	1 300.00
百叶窗	5	2 500KG					保险费	100.00
							使用费	50.00
发货人声明事项								
铁路声明事项							合计	1 450.00

发站承运日期戳　　发站经办人：刘兴

图 4—18　铁路局运杂费专用发票

中 国 工 商 银 行
转 账 支 票 存 根

D/0 B/2 2834541

科　　目　银行存款
对方科目　应收账款
出票日期　2009 年 04 月 23 日

收款人	滨江铁路局
金　额	1 450.00
用　途	运杂费

单位主管　张明　　　会计　王锐

图 4—19　银行转账支票存根

(11) 4 月 24 日，销售废料 3mm 铝材一批，同时结转废料成本 300 元，发票见图 4—20。

工 业 企 业 销 售 统 一 发 票　　　　(93) 工销六字

购货单位：兴业福利厂　　　　2009 年 04 月 24 日　　　　NO. 087642

货号		规格型号	计量单位	数量	单价	金额									备注
						百	十	万	千	百	十	元	角	分	
	废料		kg	1	585.00					5	8	5	0	0	
合计金额（大写）：⊗仟伍佰捌拾伍元零角零分									￥	5	8	5	0	0	

第三联　财务

保管负责人：郭峰　　保管员：李平　　出纳：张为　　经办人：张红　　复核

图 4—20　工业企业销售统一发票财务联

（12）4 月 24 日，职工报销医药费，以现金付讫，医院医疗费收据见图 4—21。

康复医院现金医疗费收据

姓名：李华　　　　2009 年 04 月 24 日　　　　NO. 0874522

项　目	金　额						项　目	金　额					
	千	百	十	元	角	分		千	百	十	元	角	分
西药费		1	2	8	0	0	住院费		3	2	0	0	0
中药费			7	2	0	0	理疗费						
注射费			2	0	0	0	针灸费						
处置费			5	0	0	0	化验费			2	6	0	0
合计	¥	2	7	0	0	0	合计	¥	3	4	6	0	0
人民币（大写）：⊗仟陆佰壹拾陆元零角零分										¥ 616.00			

收款人：孙　芳　　　　经手人：张　伟

图 4—21　医院医疗费收据

（13）4 月 25 日，开支票支付广告费。发票见图 4—22，银行转账支票存根见图 4—23。

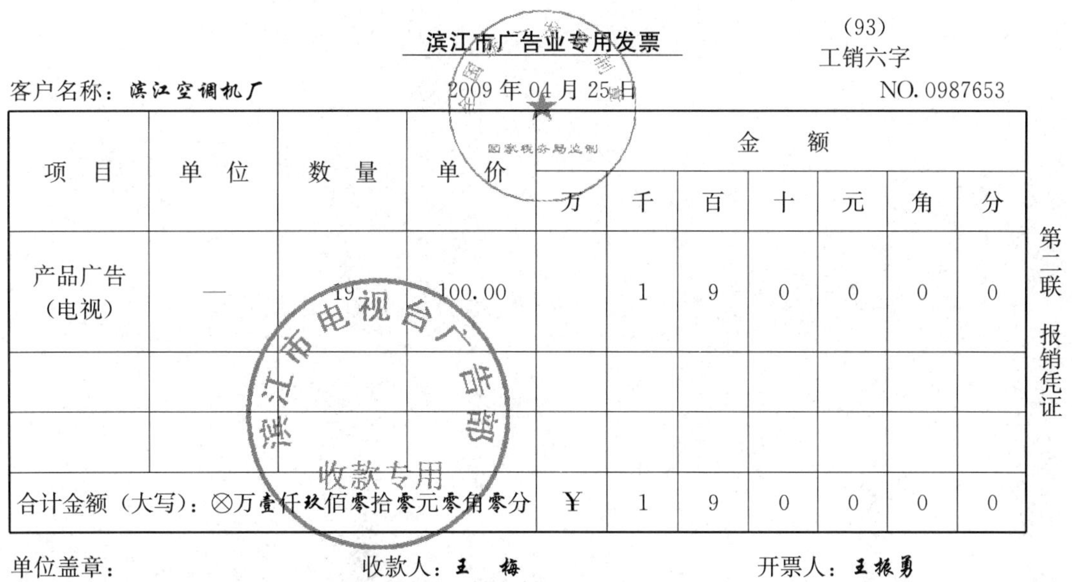

滨江市广告业专用发票　　（93）工销六字

客户名称：滨江空调机厂　　　　2009 年 04 月 25 日　　　　NO. 0987653

项　目	单　位	数　量	单　价	金　额						
				万	千	百	十	元	角	分
产品广告（电视）	—	19	100.00		1	9	0	0	0	0
合计金额（大写）：⊗万壹仟玖佰零拾零元零角零分				¥	1	9	0	0	0	0

第二联　报销凭证

单位盖章：　　　　收款人：王　梅　　　　开票人：王振勇

图 4—22　广告业专用发票报销联

中国工商银行
转账支票存根

$\frac{D}{0}$ $\frac{B}{2}$ 2834545

科　　目　银行存款

对方科目　销售费用

出票日期　2009 年 04 月 25 日

收款人	滨江市电视台广告部
金　额	1 900.00
用　途	广告费

单位主管　张明　　会计　王锐

图 4—23　银行转账支票存根

（14）4 月 26 日，职工交来现金偿还借款，现金收据见图 4—24。

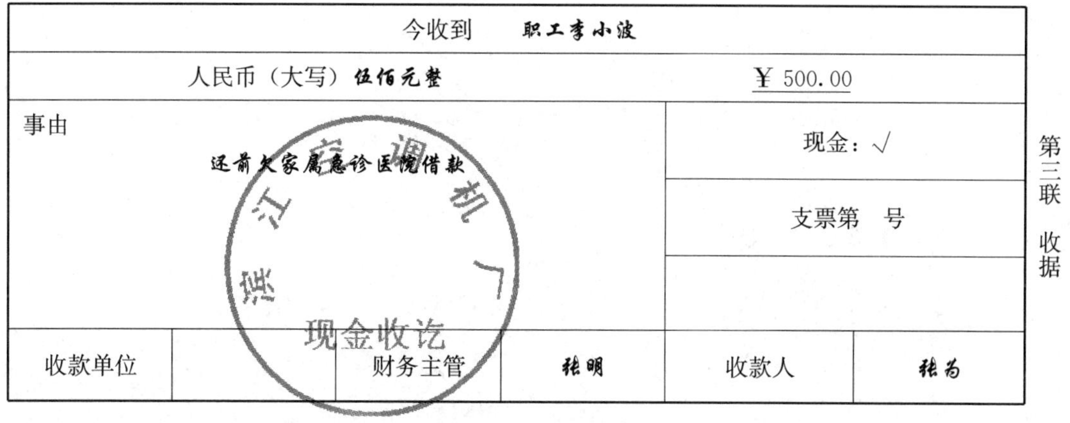

收　　据

2009 年 04 月 26 日　　　　第 97 号

今收到　职工李小波					
人民币（大写）伍佰元整			¥ 500.00		
事由 还前欠家属急诊医院借款			现金：√ 支票第　号		
收款单位		财务主管	张明	收款人	张为

第三联　收据

图 4—24　现金收据

（15）4 月 26 日，开现金支票（见图 4—25）一张 121 600 元，准备发放工资。

（16）4 月 25 日，销售产品一批，其中 HB 型百叶窗 10 台，每台 10 000 元，E-1 型风机 150 台，每台 900 元，由滨江机械厂购入，收到转账支票一张。发票见图 4—26，银行进账单见图 4—27。

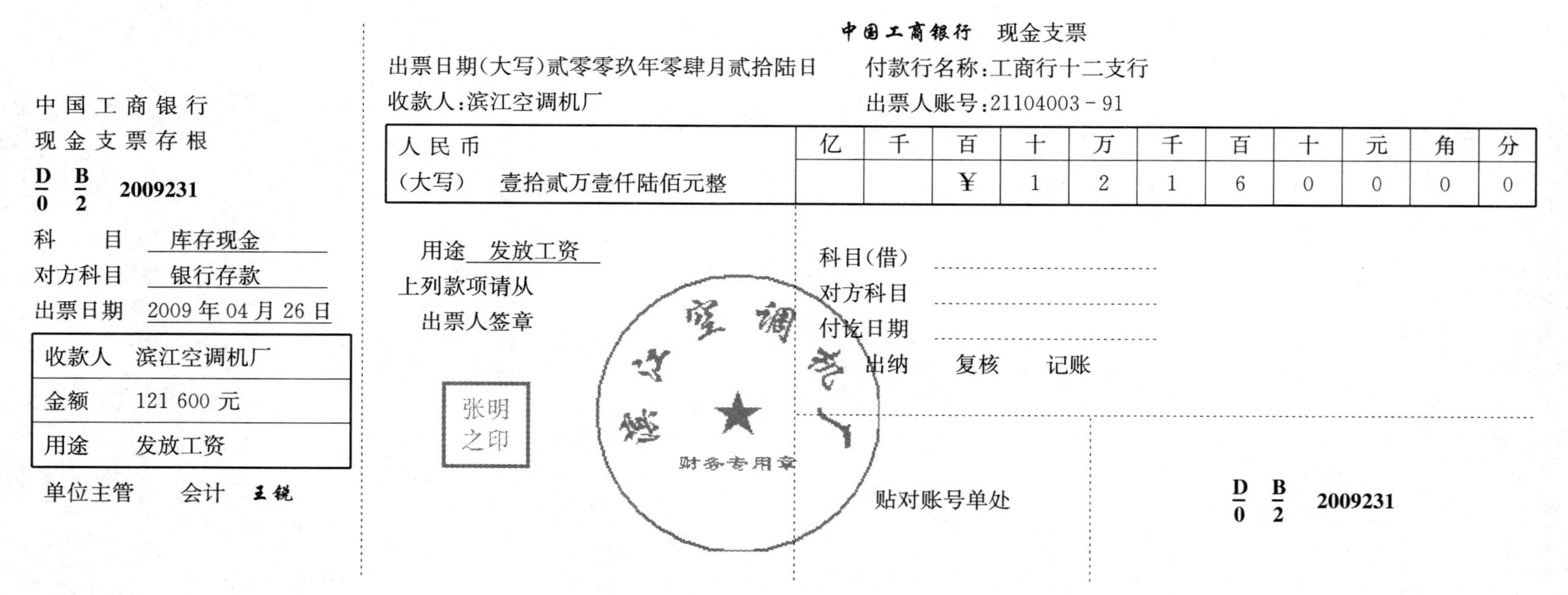

中国工商银行
现金支票存根

$\frac{D}{0}$ $\frac{B}{2}$ 2009231

科　　目　库存现金

对方科目　银行存款

出票日期　2009 年 04 月 26 日

收款人	滨江空调机厂
金额	121 600 元
用途	发放工资

单位主管　　会计　王锐

中国工商银行　现金支票

出票日期(大写)贰零零玖年零肆月贰拾陆日　　付款行名称:工商行十二支行

收款人:滨江空调机厂　　出票人账号:21104003 - 91

人民币	亿	千	百	十	万	千	百	十	元	角	分
(大写)　壹拾贰万壹仟陆佰元整			¥	1	2	1	6	0	0	0	0

用途　发放工资

上列款项请从

出票人签章

科目(借)

对方科目

付讫日期

出纳　　复核　　记账

贴对账号单处

$\frac{D}{0}$ $\frac{B}{2}$ 2009231

图 4—25　银行现金支票

6100033141 **黑龙江增值税专用发票**

开票日期：2009 年 04 月 23 日 NO. 0087206

购货单位	名称	滨江机械厂	纳税人登记号	230301200330511
	地址、电话	胜利路 8 号	开户银行及账号	工商行四支行 330080135

商品或劳务名称	计量单位	数量	单价	金额									税率（%）	税额								
				百	十	万	千	百	十	元	角	分		百	十	万	千	百	十	元	角	分
百叶窗	台	10	10 000.00		1	0	0	0	0	0	0	0	17			1	7	0	0	0	0	0
风机	台	150	900.00		1	3	5	0	0	0	0	0				2	2	9	5	0	0	0
合计				¥	2	3	5	0	0	0	0	0			¥	3	9	9	5	0	0	0
价税合计（大写）	贰拾柒万肆仟玖佰伍拾元整												（小写）¥ 274 950.00									

销货单位	名称	滨江空调机厂	纳税人登记号	230102100120054
	地址、电话	滨江市和平路 13 号	开户银行及账号	工商银行十二支行 211040003—91

收款人：张为　　复核：　　开票人：　　销货单位（未盖章无效）

第四联 记账联 销货方记账凭证

图 4—26 增值税专用发票记账联

中国工商银行 进 账 单（回单）

2009 年 04 月 25 日 第 25 号

收款人	全　称	滨江空调机厂	付款人	全　称	滨江机械厂
	账　号	211040003-91		账号或地址	330080135
	开户银行	工商行十二支行		开户银行	工商行四支行

人民币（大写）	千	百	十	万	千	百	十	元	角	分
贰拾柒万肆仟玖佰伍拾元整		¥	2	7	4	9	5	0	0	0

票据种类	DB/02 2009235	收款人开户银行盖章
票据张数	1	
单位主管　会计　复核　记账		

此联是银行交给收款人的回单

图 4—27 银行进账单

（17）4 月 26 日，用现金 121 600 元发放工资，工资发放汇总表如表 4—1 所示。

表 4—1 **工资发放汇总表**

2009 年 04 月 26

编号	日期	姓名	职务工资	各种补贴	应发数	扣水电费	其他扣款	实发数	签名
001	4 月 26 日	邓卫平	432.50	525.50	958.00	80.05	15.00	862.50	邓卫平
002	4 月 26 日	成文勇	425.00	500.00	925.00	75.00	15.00	835.50	成文勇
……	……	……	……	……	……	……	……	……	……
合计	——	——	63 000	75 000	138 000	9 980	6 420	121 600	——

（18）4 月 26 日，购材料一批，并验收入库。材料入库通知单见图 4—28，发票见图 4—29。

材料入库通知单

滨江空调机厂　　2009 年 04 月 26 日　　NO. 87560

材料名称	材质	规格	单位	数量		单价	金额	运杂费	金额合计	发货单位
				凭证	实收					滨江钢管厂
钢管		3cm	T		20	4 000.00	80 000.00		80 000.00	
										合同号
										F1547
合计									￥ 80 000.00	

财务主管：张　明　　供应科长：郭　峰　　仓库验收：李　平　　采购员：张　宁

第二联　记账联

图 4—28　材料入库通知单记账联

6100033140

黑龙江增值税专用发票

全国统一发票监制章　黑龙江省　国家税务局监制

开票日期：2009 年 04 月 26 日　　NO. 0073892

购货单位	名称	滨江空调机厂			纳税人登记号	230102100120054		
	地址、电话	滨江市和平路 13 号			开户银行及账号	工商银行十二支行 211040003 - 91		
商品或劳务名称		计量单位	数量	单价	金额（百十万千百十元角分）	税率（%）	税额（百十万千百十元角分）	
钢管		吨	20	4 000.00	8000000	17	1360000	
合计					￥8000000		￥1360000	
价税合计（大写）		玖万叁仟陆佰元整				（小写）￥ 93 600.00		
销货单位	名称	滨江钢管厂			纳税人登记号	210283100410251		
	地址、电话	庆大路 6 号			开户银行及账号	工商行 040120123		

收款人：张其　　复核：　　开票人：　　销货单位（未盖章无效）

第二联　发票联　购货方记账凭证

财务专用章

图 4—29（a）　增值税专用发票发票联

6100033140

黑龙江增值税专用发票

开票日期：2009 年 04 月 26 日　　　　NO. 0073892

购货单位	名称	滨江空调机厂	纳税人登记号	230102100120054
	地址、电话	滨江市和平路 13 号	开户银行及账号	工商银行十二支行 211040003－91

商品或劳务名称	计量单位	数量	单价	金额	税率（%）	税额
钢管	吨	20	4 000.00	8000000	17	1360000
合计				¥8000000		¥1360000
价税合计（大写）	玖万叁仟陆佰元整			（小写）¥ 93 600.00		

销货单位	名称	滨江钢管厂	纳税人登记号	210283100410251
	地址、电话	庆大路 6 号	开户银行及账号	工商行 040120123

收款人：张其　　复核：　　开票人：　　销货单位（未盖章无效）

第三联　抵扣联　购货方扣税凭证

图 4—29（b）　增值税专用发票抵扣联

（19）4 月 27 日，收回销货款，银行托收承付凭证见图 4—30。

托收承付凭证　（收账通知）　　第 17 号

委托日期限 2009 年 04 月 27 日　　托收号码：287

收款人	全　称	滨江空调机厂	付款人	全　称	车满发电厂
	账　号	211040003－91		账号或地址	40500423
	开户银行	工商行十二支行		开户银行	中国工商行吉林一支行

委托收款金额	人民币（大写）伍拾捌万陆仟肆佰伍拾元整	百	十	万	千	百	十	元	角	分
		¥	5	8	6	4	5	0	0	0

附寄单证张数	3	商品发运情况	铁运	合同名称号码	HB—005
备注	款项收缴日期　年　月　日	收款人开户银行盖章 2009 年 04 月 27 日			

此联是银行给收款人的入账通知

图 4—30　银行托收承付凭证收账通知

（20）4 月 27 日，偿还上月购料款，银行电汇凭证见图 4—31。

中国工商银行电汇凭证　（回单）

委托日期 2009 年 04 月 27 日

付款人	全称	滨江空调机厂			全称	烟台铜材厂		
	账号地址	211040003—91			账号地址	22100743		
	汇出地点	××省滨江市	汇出行名称	工商行十二支行	汇入地点	山东省烟台市	汇入行名称	工商烟台分行
汇款金额	人民币（大写）：叁拾万陆仟元整					百 十 万 千 百 十 元 角 分 ¥ 3 0 6 0 0 0 0 0		
汇款用途　前欠货款				汇出行盖章	转讫 2009 年 04 月 27 日			

此联为汇款人开户行给汇款人的回单

图 4—31　银行电汇凭证

（21）4 月 28 日，购入铝材，验收入库。银行支款通知见图 4—32，材料入库通知单见图 4—33，发票见图 4—34。

托收承付凭证（支款通知）

委托日期　2009 年 04 月 28 日　　　　托收号码 854

收款人	全　称	大连黄海铝加工厂	付款人	全　称	滨江空调机厂
	账　号	240120123		账号或地址	21140003 - 91
	开户银行	工商行大连市二支行		开户银行	工商行十二支行
委托收款金额	人民币：壹拾叁万捌仟贰佰玖拾肆元整（大写）			百 十 万 千 百 十 元 角 分 ¥ 1 3 8 2 9 4 0 0	
金额　附件		商品发运情况		合同名称号码　1913	
附寄单证张数	3	铁运		HF - 178	
备注（电划）		上列托收款项如超过承付期并未拒付时即视同全部承付		托收专用 付款人开户行盖章 年　月　日	

图 4—32　银行托收承付凭证支款通知

材 料 入 库 通 知 单

滨江空调机厂　　　2009 年 04 月 28 日　　　NO. 87560

材料名称	材质	规格	单位	数量		单价	金额	运杂费	金额合计	发货单位
				凭证	实收					大连黄海铝加工厂
铝板		Φ3mm	T	5	5	23 500.00	117 500.00	700	118 200.00	
										合同号
										F1548
合计									¥ 118 200.00	

第二联　记账联

财务主管：张　明　　供应科长：郭　峰　　仓库验收：李　平　　采购员：张　宁

图 4—33　材料入库通知单记账联

6100033140

黑龙江增值税专用发票

开票日期：2009 年 04 月 26 日　　　　NO. 0078300

购货单位	名称	滨江空调机厂	纳税人登记号	230102100120054
	地址、电话	滨江市和平路 13 号	开户银行及账号	工商银行十二支行 211040003－91

商品或劳务名称	计量单位	数量	单价	金额									税率（%）	税额								
				百	十	万	千	百	十	元	角	分		百	十	万	千	百	十	元	角	分
铝材	吨	5	23 500.00		1	1	7	5	0	0	0	0	17			1	9	9	7	5	0	0
运费（汽运）								7	0	0	0	0						1	1	9	0	0
合计				¥	1	1	8	2	0	0	0	0			¥	2	0	0	9	4	0	0
价税合计（大写）	壹拾叁万捌仟贰佰玖拾肆元整													（小写）¥ 138 294.00								

销货单位	名称	大连黄海铝加工厂	纳税人登记号	210283100310361
	地址、电话	丹善路 556 号	开户银行及账号	工商行二支行 240120123

收款人：高敏　　　复核：　　　开票人：　　　销货单位（未盖章无效）

第二联　发票联　购货方记账凭证

图 4—34（a）　增值税专用发票发票联

6100033140

黑龙江增值税专用发票

开票日期：2009 年 04 月 26 日　　　　NO. 0078300

购货单位	名称	滨江空调机厂	纳税人登记号	230102100120054
	地址、电话	滨江市和平路 13 号	开户银行及账号	工商银行十二支行 211040003－91

商品或劳务名称	计量单位	数量	单价	金额									税率（%）	税额								
				百	十	万	千	百	十	元	角	分		百	十	万	千	百	十	元	角	分
铝材	吨	5	23 500.00		1	1	7	5	0	0	0	0	17			1	9	9	7	5	0	0
运费（汽运）								7	0	0	0	0						1	1	9	0	0
合计				¥	1	1	8	2	0	0	0	0			¥	2	0	0	9	4	0	0
价税合计（大写）	壹拾叁万捌仟贰佰玖拾肆元整													（小写）¥ 138 294.00								

销货单位	名称	大连黄海铝加工厂	纳税人登记号	210283100310361
	地址、电话	丹善路 556 号	开户银行及账号	工商行二支行 240120123

收款人：高敏　　　复核：　　　开票人：　　　销货单位（未盖章无效）

第三联　抵扣联　购货方扣税凭证

图 4—34（b）　增值税专用发票抵扣联

(22) 4 月 28 日，生产百叶窗领用钢管 4 吨，领料单见图 4—35，生产风机领用 6 吨，共计 10 吨，单价 4 500 元。

领 料 单

用途：产品生产　　　　2009 年 04 月 28 日　　　　NO. 99865

材料类别	材料编号	材料名称及规格	计量单位	数量		单价	金额
				请领	实领		
原料及主要材料		₵25mm 钢管	T	10	10	4 500.00	45 000.00
		百叶窗用 4 吨					
		风机用 6 吨					
合计				10	10	¥ 4 500.00	¥ 45 000.00

记账：王锐　　发料：李平　　领料部门负责人：郭锋　　领料：刘想

图 4—35　领料单

(23) 4 月 28 日，购入轴承，验收入库。银行转账支票存根见图 4—36，发票见图 4—37，材料入库通知单见图 4—38。

中 国 工 商 银 行
转 账 支 票 存 根

D/0 B/2 **3533611**

科　　目　银行存款
对方科目　原材料
出票日期　2009 年 04 月 28 日

收款人　松北轴承厂
金　额　206 000
用　途　购料款

单位主管　张明　　会计　王锐

图 4—36　银行转账支票存根

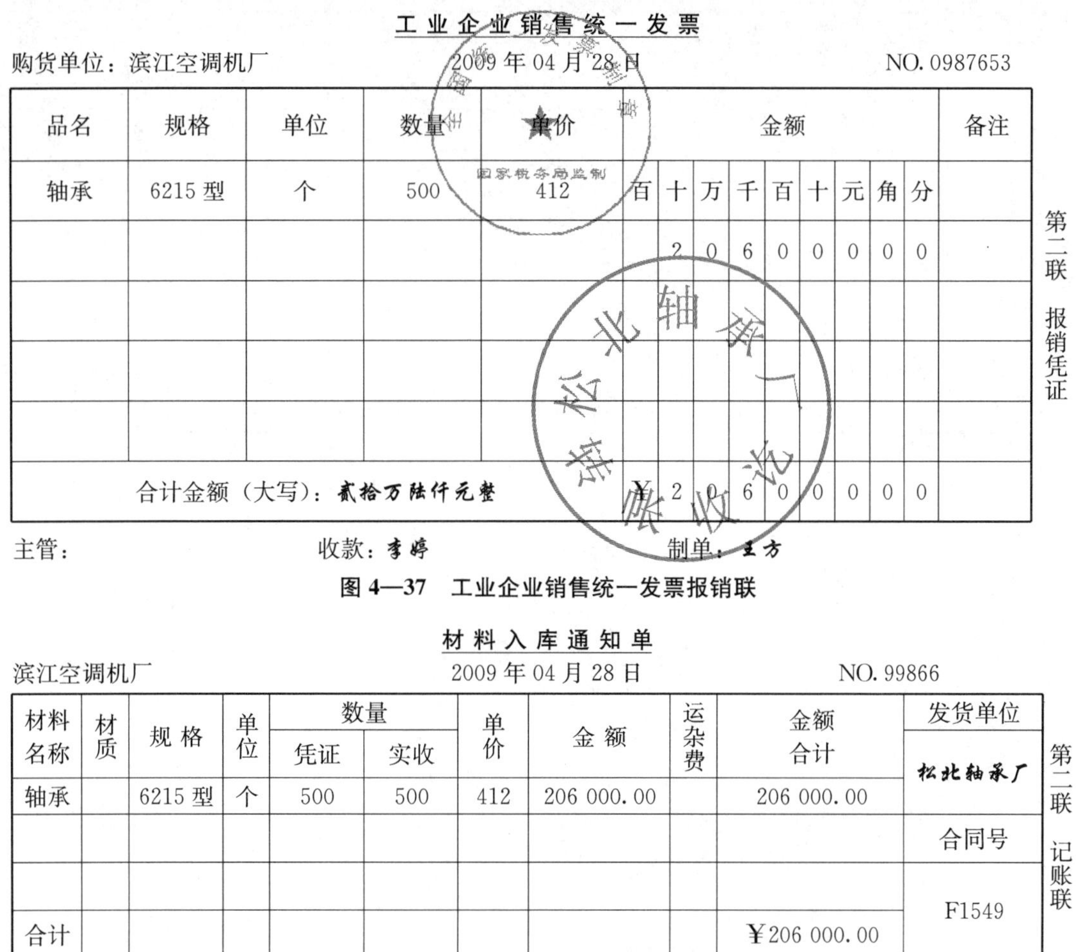

工业企业销售统一发票

购货单位：滨江空调机厂　　　　2009 年 04 月 28 日　　　　NO. 0987653

品名	规格	单位	数量	单价	金额									备注
轴承	6215 型	个	500	412	百	十	万	千	百	十	元	角	分	
						2	0	6	0	0	0	0	0	
合计金额（大写）：贰拾万陆仟元整					¥	2	0	6	0	0	0	0	0	

第二联　报销凭证

主管：　　　　收款：李婷　　　　制单：王方

图 4—37　工业企业销售统一发票报销联

材料入库通知单

滨江空调机厂　　　　2009 年 04 月 28 日　　　　NO. 99866

材料名称	材质	规格	单位	数量		单价	金额	运杂费	金额合计	发货单位
				凭证	实收					松北轴承厂
轴承		6215 型	个	500	500	412	206 000.00		206 000.00	
										合同号
										F1549
合计									¥206 000.00	

第二联　记账联

财务主管：张　明　　供应科长：郭　峰　　仓库验收：李　平　　采购员：张　宁

图 4—38　材料入库通知单记账联

（24）4 月 30 日，分配结转本月发出材料成本，发料凭证汇总表见表 4—2。

表 4—2　　滨江空调机厂发料凭证汇总表

滨江空调机厂　　　　2009 年 04 月 30 日　　　　编号：04

日期	领料单张数	贷方科目	借方科目				
			生产成本	制造费用	管理费用	其他业务支出	合计
1～10 日	1	原材料	141 000.00				141 000.00
21～30 日	1	原材料	45 000.00			300.00	45 300.00
			百叶窗 112 000 风　机 74 000				铝材 141 300.00 钢管 45 000.00
合计			186 000.00			300.00	186 300.00

会计主管：张　明　　记账：王　锐　　审核：王　齐　　填制：李　芳

（25）计提本月应付银行利息 5 000 元。

（26）4 月 30 日，分配结转本月工资费用，工资分配表见表 4—3。

表 4—3 **工资费用分配汇总表**

2009 年 04 月 30 日

车间部门		应分配金额
车间生产人员工资	生产 HB 型百叶窗工人	60 000.00
	生产 E-1 型风机工人	40 000.00
	生产人员工资小计	100 000.00
车间管理人员		8 200.00
厂部管理人员		7 400.00
专设销售机构人员		2 800.00
长期病假人员		3 200.00
合计		121 600.00

（27）4 月 30 日，计提本月固定资产折旧，折旧计算表见表 4—4。

表 4—4 **固定资产折旧计算表**

2009 年 04 月 30 日

使用单位部门	上月固定资产折旧额	上月增加固定资产应计提折旧额	上月减少固定资产应计提折旧额	本月应计提的折旧额
生产车间	38 000.00	1 000.00		39 000.00
厂部	13 000.00	—	500.00	12 500.00
合计	51 000.00	1 000.00	500.00	51 500.00

主管：张　明　　　　审核：王　齐　　　　制表：王　锐

（28）4 月 30 日，结转本月制造费用，分配表如表 4—5 所示。

表 4—5 **制造费用分配表**

车间：生产车间　　　　2009 年 04 月 30 日

分配对象	分配标准（生产工人工资）	分配率	分配金额
百叶窗	60 000.00		28 320
风机	40 000.00		18 880
合　计	100 000.00	0.472	47 200

（29）4 月 30 日，结转生产完工验收入库产品的成本，完工产品成本计算表见表 4—6。

表 4—6

完工产品成本计算表

车间：生产车间　　2009 年 04 月 30 日

成本项目	E-1 型风机（500 台）		HB 型百叶窗（80 台）	
	总成本	单位成本	总成本	单位成本
直接材料	210 000.00	420.00	480 000.00	6 000.00
直接人工	50 000.00	100.00	72 000.00	900.00
其他直接支出		—		—
制造费用	80 000.00	160.00	88 000.00	1 100.00
合计	340 000.00	680.00	640 000.00	8 000.00

主管：张　明　　审核：王　齐　　制表：王　锐

(30) 4 月 30 日，结转本月主营业务成本，产品出库单见图 4—39，已销产品成本计算表见表 4—7。

滨江空调机厂产品出库单

收货单位　　2009 年 04 月 30 日

货号	名称及规格	单位	数量	单价	金额	备注
HB 型	百叶窗	台	60	8 200.00	492 000.00	
E-1 型	风机	台	150	700.00	105 000.00	
合计					¥597 000.00	

主管：张　明　　审核：王　齐　　制表：王　锐

图 4—39　产品出库单

表 4—7

已销产品成本计算表

2009 年 04 月 30 日

产品名称	计量单位	月初结存		本月入库		本月销售	
		数量	总成本	数量	总成本	数量	总成本
HB 型百叶窗	台		10 000.00	80	640 000.00	60	492 000.00
E-1 型风机	台		887.00	500	340 000.00	150	105 000.00
合　计			10 887.00	—	980 000.00	—	597 000.00

主管：张　明　　审核：王　齐　　制表：王　锐

(31) 4 月 30 日，结转本月收入类账户，收入类账户余额表见表 4—8。

表 4—8

收入类账户余额表

账户（贷方余额）	金额
主营业务收入	735 000.00
其他业务收入	585.00

(32) 4 月 30 日，结转本月费用类账户，费用类账户余额表见表 4—9。

表 4—9 **费用类账户余额表**

账户（借方余额）	金额
管理费用	29 126.00
销售费用	4 700.00
财务费用	5 000.00
主营业务成本	597 000.00
其他业务成本	300.00

实验五　记账凭证的审核

一、实验目的

通过实验使学生初步掌握记账凭证的审核内容。

二、记账凭证的审核要求

（1）记账凭证的基本要素是否完整，有无缺少或空白，主要是看填制日期、编号、业务内容摘要、附原始凭证张数、会计科目及其借贷方向、填制、出纳、复核及会计主管人员的签章等是否清晰、准确。

（2）审查科目的运用是否针对经济业务的性质和内容，是否符合有关会计准则和会计制度的规定，借贷方向是否正确。

（3）审查各级负责人和有关经办人的签章是否齐备，其会计责任是否明确，有无手续不清、责任不明的现象。

（4）复核记账凭证的单价、数量和明细金额、合计金额是否正确，有无多计、少计和误计。

（5）核对记账凭证与对应的账簿记录是否一致，有无出入或账证不符的情况。

（6）与所附的原始凭证核对，视其数量、金额、摘要等是否一致，有无证证不符的现象。

（7）审查科目对应关系及借、贷金额是否正确，两类科目的金额是否平衡。

三、实验资料

滨江空调机厂 2009 年 4 月发生的经济业务的原始凭证审核无误，该厂会计人员根据原始凭证填制部分记账凭证及所附原始凭证，资料附后。

四、实验要求

（1）对下列经济业务的记账凭证进行审核，并指出所存在的问题。

（2）同时将实验四编制的记账凭证进行审核。

五、实验设计

（1）实验中应审核记账凭证与原始凭证是否相符，项目填写是否齐全，会计科目名称、方向、金额是否正确。

（2）实验时间约需 20 分钟。

六、具体实验

（1）4 月 27 日，收回销货款，收款凭证见图 5—1，银行收账通知见图 5—2。

收 款 凭 证　　总　字 32 号

借方科目：库存现金　　2009 年 04 月 27 日　　现收字 25 号

摘要	贷方科目		金额									记账
	总账科目	明细科目	百	十	万	千	百	十	元	角	分	
收回货款	主营业务收入	人民币户		5	8	6	4	5	0	0	0	
合计金额												

附件 1 张

会计主管：　记账：　稽核：　出纳：　制单：

图 5—1　收款凭证

托收承付凭证（收账通知）　　第 17 号

委托日期限 2009 年 04 月 27 日　　托收号码：287

收款人	全称	滨江空调机厂	付款人	全称	丰满发电厂								
	账号	211040003—91		账号	40500423								
	开户银行	工商行十二支行		开户银行	中国工商行吉林一支行								
委托收款金额	人民币（大写）：伍拾捌万陆仟肆佰伍拾元整				百	十	万	千	百	十	元	角	分
					¥	5	8	6	4	5	0	0	0
附寄单证张数	3	商品发运情况	铁运		合同名称号码				HB—005				
备注	款项收缴日期　年　月　日				收款人开户银行盖章　年　月　日								

（印章：中国工商银行滨江市十二支行 托收专用）

图 5—2　银行托收承付凭证收账通知

（2）4 月 27 日，偿还上月购料款。付款凭证见图 5—3，银行电汇凭单见图 5—4。

付　款　凭　证　　总　字 33 号

贷方科目：银行存款　　2009 年 04 月 27 日　　银付字 25 号

摘要	贷方科目		金额									记账
	总账科目	明细科目	百	十	万	千	百	十	元	角	分	
偿还料款	应收账款	钢材		3	0	6	0	0	0	0	0	
合计金额				3	0	6	0	0	0	0	0	

附件 1 张

会计主管：　记账：　稽核：　出纳：　制单：　领款人：

图 5—3　付款凭证

中国工商银行电汇凭证（回单）

委托日期：2009 年 04 月 27 日

<table>
<tr><td rowspan="3">收款人</td><td>全称</td><td colspan="3">滨江空调机厂</td><td>全称</td><td colspan="3">烟台钢材厂</td></tr>
<tr><td>账号
地址</td><td colspan="3">211040003—91</td><td>账号
地址</td><td colspan="3">22100743</td></tr>
<tr><td>汇出
地点</td><td>××省
滨江市</td><td>汇出行
名称</td><td>工商行十
二支行</td><td>汇入
地址</td><td>山东省
烟台市</td><td>汇入行名称</td><td>工商烟
台分行</td></tr>
<tr><td rowspan="2">汇款
金额</td><td colspan="4" rowspan="2">人民币（大写）：叁拾万陆仟元整</td><td colspan="4">百 十 万 千 百 十 元 角 分</td></tr>
<tr><td colspan="4">¥ 3 0 6 0 0 0 0 0</td></tr>
<tr><td colspan="5">汇款用途　前欠货款</td><td rowspan="2">汇出行
盖章</td><td colspan="3" rowspan="2">中国工商银行滨江市十二支行
转讫
2009 年 04 月 25 日</td></tr>
<tr><td colspan="5">上列款项已根据委托办理，如需查询，请持此回单来行面洽</td></tr>
</table>

此联为汇款人开户行给汇款人的回单

图 5—4　银行电汇凭单

（3）计提本月应付职工工资。记账凭证见图 5—5，工资分配表见表 5—1。

记 账 凭 证　　出纳编号 280

2009 年 04 月 30 日　　制单编号 40

摘要	借方		贷方		金额										记账符号	
	总账科目	明细科目	总账科目	明细科目	千	百	十	万	千	百	十	元	角	分		
计提本月职工福利费	生产成本							1	0	0	0	0	0	0		
		HB 型百叶窗						6	0	0	0	0	0	0		
		E-1 型风机						4	0	0	0	0	0	0		
	制造费用								8	2	0	0	0	0		
	管理费用								7	4	0	0	0	0		
	销售费用								2	8	0	0	0	0		
	营业外支出								3	2	0	0	0	0		
			应付职工薪酬													
合计金额																

附件 1 张

会计主管：　　记账：　　稽核：　　出纳：　　制单：　　领款人：

图 5—5　记账凭证

表 5—1　　**工资费用分配汇总表**

2009 年 04 月 30 日

车间部门		应分配金额
车间生产人员工资	生产 HB 型百叶窗工人	60 000.00
	生产 E-1 型风机工人	40 000.00
	生产人员工资小计	100 000.00
车间管理人员		8 200.00
厂部管理人员		7 400.00

续前表

车间部门	应分配金额
专设销售机构人员	2 800.00
长期病假人员	3 200.00
合计	121 600.00

主管：张　明　　　　审核：王　齐　　　　制表：王　锐

（4）分配结转本月应付电费。转账凭证见图 5—6，电费分配表见表 5—2。

转账凭证　　　　总　字 287 号

2009 年 04 月 30　　　　转字 46 号

摘　要	总账科目	明细科目	借方金额									贷方金额									记账
			百	十	万	千	百	十	元	角	分	百	十	万	千	百	十	元	角	分	
分配结转	生产成本				1	2	6	0	0	0	0										
应付电费		燃料动力费			1	2	0	0	0	0	0										
		制造费用					6	0	0	0	0										
	管理费用	水电费				1	8	0	0	0	0										
	应付账款	电　费												1	4	4	0	0	0	0	
合　　计																					

附件 1 张

会计主管：　　　　记账：　　　　稽核：　　　　制单：

图 5—6　转账凭证

表 5—2　　**应 付 电 费 分 配 表**

2009 年 04 月 30 日

分配对象		分配标准（机器工时）	分配率	耗电度数	单价	金额
生产产品耗用	HB 型百叶窗	14 000	0.50			7 000.00
	E-1 型风机	10 000	0.50			5 000.00
	小计	24 000	0.50	40 000	0.30	12 000.00
车间一般耗用				2 000	0.30	600.00
厂部一般耗用				5 000	0.30	1 800.00
合计					0.30	14 400.00

主管：张　明　　　　审核：　　　　制表：王　锐

实验六　日记账、总账的登记

一、实验目的

通过实验使学生掌握三栏式现金日记账、银行存款日记账的登记方法。

二、日记账和总账登记要求

（一）库存现金日记账的登记

（1）根据复核无误的收、付款记账凭证记账。现金出纳人员在办理收、付款时，应当对收款凭证和付款凭证进行仔细的复核，并以经过复核无误的收、付款记账凭证和其所附原始凭证作为登记现金日记账的依据。如果原始凭证上注明“代记账凭证”字样，经有关人员签章后，也可作为记账的依据。

（2）所记载的内容必须同会计凭证相一致，不得随便增减。每一笔账都要记明记账凭证的日期、编号、摘要、金额和对应科目等。经济业务的摘要不能过于简略，应以能够清楚地表述业务内容为度，便于事后查对。日记账应逐笔分行记录，不得将收款凭证和付款凭证合并登记，也不得将收款付款相抵后以差额登记。登记完毕，应当逐项复核，复核无误后在记账凭证上的“账页”一栏内做出“过账”符号“√”，表示已经登记入账。

（3）逐笔、序时登记日记账，做到日清月结。为了及时掌握现金收、付和结余情况，现金日记账必须当日账务当日记录，并于当日结出余额；有些现金收、付业务频繁的单位，还应随时结出余额，以掌握收、支计划的执行情况。

（4）必须连续登记，不得跳行、隔页，不得随便更换账页和撕去账页。现金日记账采用订本式账簿，其账页不得以任何理由撕去，作废的账页也应留在账簿中。在一个会计年度内，账簿尚未用完时，不得以任何借口更换账簿或重抄账页。记账时必须按页次、行次、位次顺序登记，不得跳行或隔页登记，如不慎发生跳行、隔页时，应在空页或空行中间划线加以注销，或注明“此行空白”、“此页空白”字样，并由记账人员盖章，以示负责。

（5）文字和数字必须整洁清晰，准确无误。在登记书写时，不要滥造简化字，不得使用同音异义字，不得写怪字体；摘要文字紧靠左线；数字要写在金额栏内，不得越格错位、参差不齐；文字、数字字体大小适中，紧靠下线书写，上面要留有适当空距，一般应占格宽的二分之一，以备按规定的方法改错。记录金额时，如为没有角分的整数，应分别在角分栏内写上“0”，不得省略不写，或以“—”号代替。阿拉伯数字一般可自左向右适当倾斜，以使账簿记录整齐、清晰。为防止字迹模糊，墨迹未干时不要翻动账页；夏天记账时，可在手臂下垫一块软质布或纸板等书写，以防汗浸。

(6) 使用钢笔，以蓝、黑色墨水书写，不得使用圆珠笔（银行复写账簿除外）或铅笔书写。但按照红字冲账凭证冲销错误记录及会计制度中规定用红字登记的业务可以用红色墨水笔记账。

(7) 每一账页记完后，必须按规定转页。为便于计算了解日记账中连续记录的累计数额，并使前后账页的合计数据相互衔接，在每一账页登记完毕结转下页时，应结出当月发生额合计数及余额，写在本页最后一行和下页第一行的有关栏内，并在摘要栏注明“过次页”和“承前页”字样。也可以在本页最后一行用铅笔字结出发生额合计数和余额，核对无误后，用蓝、黑色墨水在下页第一行写出上页的发生额合计数及余额，在摘要栏内写上“承前页”字样，不再在本页最后一行写“过次页”的发生额和余额。

(8) 现金日记账必须逐日结出余额，每月月末必须按规定结账。现金日记账不得出现贷方余额（或红字余额）。

(9) 记录发生错误时，必须按规定方法更正。为了提供在法律上有证明效力的核算资料，保证日记账的合法性，账簿记录不得随意涂改，严禁刮、擦、挖、补，或使用化学药物清除字迹。发现差错必须根据差错的具体情况采用划线更正、红字更正、补充登记等方法更正。

（二）银行存款日记账的登记

(1) 根据复核无误的银行存款收、付款记账凭证登记账簿。

(2) 所记载的经济业务内容必须同记账凭证相一致，不得随便增减。

(3) 要按经济业务发生的顺序逐笔登记账簿。

(4) 必须连续登记，不得跳行、隔页，不得随便更换账页和撕扯账页。

(5) 文字和数字必须整洁清晰，准确无误。

(6) 使用钢笔，以蓝、黑色墨水书写，不得使用圆珠笔（银行复写账簿除外）或铅笔书写。

(7) 每一账页记完后，必须按规定转页。方法同现金日记账。

(8) 每月月末必须按规定结账。

（三）总账的登记

(1) 总分类账簿是按照总分类账户分类登记全部经济业务的账簿，能够全面、总括地反映经济活动情况，并为编制会计报表提供资料，因此每个单位都应设置总分类账。

(2) 由于总分账一般都采用订本账，在一本或几本账簿中将全部总分类账户按会计科目的编号顺序分设，因此，对每个账户事先应按业务量的大小预留若干账页。

(3) 总分类账的格式一般为三栏式，三栏式总分类账中的“对应科目”栏，可以设置也可以不设置，“借或贷”栏是指账户余额是在借方还是在贷方，倘若余额为 0，则应在“借或贷”栏内填写“平”字，同时在余额栏内填写“0”。

三、实验资料

(1) 滨江空调机厂的现金日记账、银行存款日记账及总账。

(2) 滨江空调机厂有关经济业务及其原始凭证、记账凭证见实验四。

四、实验要求

根据实验四有关会计凭证，登记总账和日记账。

五、实验设计

（1）登记账簿前要求学生对编制的收、付款凭证交换审核，以确保账簿登记的准确性。

（2）登记账簿时应参考《会计人员工作规则》，明确账簿登记的基本要求，做到按规则登记账簿。

（3）登记总账，可练习“记账凭证会计核算形式”、“科目汇总表会计核算形式”和“汇总记账凭证会计核算形式”。

（4）实验时间约需 100 分钟。

六、参考资料

期初余额表见表 6—1。

表 6—1 **期初余额表**

2009 年 04 月 01 日

编号	账户名称	借方余额	贷方余额
1	库存现金	370.60	
2	银行存款	192 000.00	
3	应收账款	17 925.00	
4	坏账准备		400.00
5	其他应收款	3 500.00	
6	原材料	855 000.00	
7	库存商品	10 887.00	
8	生产成本	1 140 000.00	
9	固定资产	3 861 950.00	
10	累计折旧		1 185 500.00
11	短期借款		230 000.00
12	应付账款		828 400.00
13	其他应付款		3 000.00
14	应付职工薪酬		9 944.00
15	应交税费		38 686.60.00
16	应付利息		15 500.00
17	实收资本		3 107 000.00
18	资本公积		345 000.00
19	盈余公积		282 000.00
20	本年利润		275 385.00
21	利润分配	239 183.00	

实验七　明细账的登记

一、实验目的

通过实验使学生掌握永续盘存制下存货明细账的登记方法，明确总分类账户与所属明细分类账户之间的关系。

二、明细账的登记要求

（一）三栏式明细账

1. 账页结构

三栏式明细账在账页中设有借方、贷方和余额三个金额栏。为区别总分类账中的三栏式，在实际工作中，将明细账中的三栏式称为“甲式账”。

2. 登记方法

三栏式明细账是根据记账凭证、按经济业务发生的顺序逐日逐笔进行登记的。其他各栏目的登记方法与三栏式总账相同。

（二）数量金额式明细账

1. 账页结构

该明细账的账页，设有入库、出库和结存三大栏次，并在每一大栏下设有数量、单价和金额三个小栏目。由于在明细账中有了“甲式账”，在实际工作中将数量金额式明细账称为“乙式账”。

2. 登记方法

数量金额式明细账一般是由会计人员和业务人员（如仓库保管员），根据原始凭证按照经济业务发生的时间先后顺序逐日逐笔进行登记。数量金额式明细账的具体登记方法如下：

（1）凭证字、号栏：填写按所依据的原始凭证的字和号进行。如收料单的“收”字、领料单的“领”字、产成品入库单的“入”字和出库单的“出”字。

（2）三个数量栏：填写实际入、出库和结存的财产物资的数量。

（3）入库单价栏和金额栏按照所入库材料的单位成本登记。

（4）出库栏和结存栏中的单价栏和金额栏，登记时间及登记金额取决于企业所采用的期末存货计价方法。在采用月末一次加权平均法下，出库和结存的单价栏和金额栏一个月只在月末登记一次。

（三）多栏式明细账

多栏式明细账是根据经济业务的特点和经营管理的需要，在一张账页上按有关子目或

细目分设若干栏目，以集中反映各有关明细科目的核算资料。按照明细账所记经济业务的特点不同，多栏式明细账可以采用借方多栏式、贷方多栏式和借贷方多栏式三种格式。

1. 借方多栏式明细账

(1) 账页结构：该账是在账页中设置借方、贷方和余额三个金额栏，并直接在借方栏再按明细项目分设若干专栏，也可对借方栏再单独开设借方金额分析栏，并在栏内按照明细项目分设若干专栏。

(2) 适用范围：它适用于借方需设置多个明细项目的成本、费用类账户的明细分类核算。如"材料采购"、"生产成本"、"管理费用"等明细账。

(3) 登记方法：借方多栏式明细账依据审核后的记账凭证和原始凭证，按照业务发生的时间先后顺序进行登记。借方多栏式明细账适用于平时只有借方项目的发生额，而贷方只在月末发生一次且与借方项目相同的账户的明细分类核算。因此，借方多栏式明细账一般为每一明细项目设置一个金额栏，登记该项目一个方向（借方）的发生额，对于另一个方向（贷方）的发生额，则在该栏目内用"红字"记录，以表示对该项目金额的减少数或转出数。

2. 贷方多栏式明细账

(1) 账页结构：该账是在账页中设置借方、贷方和余额三个金额栏，并直接在贷方栏再按明细项目分设若干专栏，也可对贷方栏再单独开设贷方金额分析栏，并在栏内按照明细项目分设若干专栏。

(2) 适用范围：它适用于贷方需设多个明细项目的收入、资本类账户的明细分类核算。如"主营业务收入"、"营业外收入"等明细账。

(3) 登记方法：贷方多栏式明细账是根据审核后的记账凭证和原始凭证，按照业务发生的时间先后顺序逐日逐笔进行登记的。贷方多栏式明细账适用于平时只有贷方项目的发生额，而借方只在月末发生一次且与贷方项目相同的账户的明细分类核算。因此，贷方多栏式明细账一般为每一明细项目设置一个金额栏，登记该项目一个方向（贷方）的发生额，对于另一个方向（借方）的发生额，则在该栏目内用"红字"记录，以表示对该项目金额的减少数或转出数。

3. 借贷方多栏式明细账

(1) 账页结构：借方贷方多栏式明细账是在账页的借方和贷方均分设若干专栏。

(2) 适用范围：它适用于"投资收益"、"本年利润"、"利润分配"等明细账。

(3) 登记方法：借贷方多栏式明细账是根据审核后的记账凭证和原始凭证，按照业务发生的时间先后顺序对各明细项目分借贷方，逐日逐笔进行登记。

三、实验资料

滨江空调机厂对材料采用永续盘存制，按实际成本计价核算，耗用材料和期末材料成本按移动加权平均法计算。材料按品种设置明细账。资料附后，其他相关资料见实验四。

四、实验要求

(1) 根据有关原始凭证分别编制记账凭证。

(2) 根据记账凭证及收发料原始凭证登记"原材料"明细分类账户。

（3）编制“原材料”明细分类账户本期发生额及余额表，检查“原材料”总分类账户与所属明细分类账户是否相符。

五、实验设计

（1）材料按实际成本计价核算；可不设置“材料采购”科目。

（2）原材料明细分类账户根据记账凭证及原始凭证逐笔登记。

（3）实验时间约需 30 分钟。

六、具体实验

2009 年 4 月份铝材、钢管、轴承三种材料明细分类账户的期初余额情况，期初余额表见表 7—1（假设该企业 4 月份库存仅有三种材料）。

表 7—1　　“原材料”明细分类账户期初余额表

2009 年 04 月 01 日

品名	计量单位	规格	数量	单价	金额
铝材	吨	3mm	10	23 500	235 000
钢管	吨	25mm	24	4 500	108 000
轴承	个	6215 型	1 000	512	512 000
合 计	—		—	—	855 000

实验八　错账的更正

一、实验目的

通过实验使学生在填制凭证和登记账簿工作中，必须严肃认真，一丝不苟，尽最大努力把账记好算对，一旦发生错误应根据不同情况，采取不同的更正错误的方法，以保证会计的核算质量。

二、错账更正方法

（一）划线更正法

（1）适用范围：在结账前，如果发现账簿记录有文字或数字错误，而记账凭证没有错误。

（2）更正方法：将错误的文字或者数字划红线注销；然后在划线上方填写正确的文字或者数字，并由记账及相关人员在更正处盖章。对于错误的数字，应当全部划红线更正，不得只更正其中的错误数字。对于文字错误，可只划去错误的部分。

（二）红字更正法

红字更正法主要适用于下列两种情况。

1. 记账后在当年内发现记账凭证所记会计科目错误

更正方法：先用红字金额填写一张与错误凭证相同的记账凭证，然后，再用蓝字填写一张正确的记账凭证，并据以登记入账。

2. 会计科目无误而所记金额大于应记的金额导致账簿记录的错误

更正方法：按多记金额用红字填写一张与原记账凭证应借、应贷科目完全相同的记账凭证，冲销多记的金额，并据以登记记账。

（三）补充登记法

（1）适用范围：记账后发现记账凭证中的会计科目无误，只是所记金额小于应记的金额。

（2）更正方法：将少记金额用蓝字填写一张与原凭证应借、应贷科目完全相同的记账凭证，补充少记的金额并据以登记入账。

三、实验资料

滨江空调机厂 2009 年 4 月 2 日的 4 笔经济业务登账有错，资料附后，原始凭证见实验四。

四、实验要求

（1）更正错误的方法有划线更正法、红字更正法和补充登记法，选择恰当的方法更正

各笔错账。

（2）若是记账凭证就是错误的，请将更正凭证按统一编号，应注意“摘要”栏的书写。

（3）划线更正法只在账簿中操作，注意操作的规范性。

五、实验设计

（1）实验前明确告知学生账簿中有记账错误，并请学生找出错误。

（2）引导学生首先分析是什么样的错误，然后分析应采用什么样的更正方法。

（3）请学生思考为什么更正错账严禁挖补、刮擦、涂改等办法。

（4）所需实验时间约30分钟。

六、具体实验

（1）4月2日，向银行借款，存入银行存款户。收款凭证见图8—1，银行账见图8—2，短期借款总账见图8—3，银行存款总账见图8—4。

收 款 凭 证

借方科目：银行存款　　　　2009年04月02日　　　　银收字1号

摘要	贷方科目		金额									记账
	总账科目	明细科目	百	十	万	千	百	十	元	角	分	
向银行借款	短期借款			4	0	0	0	0	0	0	0	
		人民币户										
合计金额			¥	4	0	0	0	0	0	0	0	

附件1张

会计主管：张明　　记账：　　稽核：　　出纳：鲍墨刚　　制单：王锐

图8—1　收款凭证

银　行　账

账号　263018273　　　　　　　　存款种类

2009年		凭证号数		摘要	支票		对方科目	借方											贷方											余额										
月	日	收款	付款		种类	号数		亿	千	百	十	万	千	百	十	元	角	分	亿	千	百	十	万	千	百	十	元	角	分	亿	千	百	十	万	千	百	十	元	角	分
4	1			期初余额																													1	9	2	0	0	0	0	0
4	2	1		借款存入银行							4	0	0	0	0	0	0	0															5	9	2	0	0	0	0	0
4	2		1	购固定资产																		2	3	1	0	0	0	0	0				3	6	1	0	0	0	0	0
4	2		2	提取现金																				7	0	0	0	0	0				3	5	4	0	0	0	0	0
4	2		3	支付电话费																				5	1	1	0	0	0				3	4	8	8	9	0	0	0

图 8—2　银行账

总　　账

会计科目名称或编号　短期借款

2009年		凭证		摘要	借方											贷方											借或贷	余额											√
月	日	类	号		亿	千	百	十	万	千	百	十	元	角	分	亿	千	百	十	万	千	百	十	元	角	分		亿	千	百	十	万	千	百	十	元	角	分	
4	1			期初余额																							贷				2	3	0	0	0	0	0	0	
4	2	银收	1	向银行取得短期借款															4	0	0	0	0	0	0	0	贷				6	3	0	0	0	0	0	0	

图 8—3　短期借款总账

总　　账

会计科目名称或编号　银行存款

2009年		凭证		摘　要	借　方											贷　方											借或贷	余　额											√
月	日	类	号		亿	千	百	十	万	千	百	十	元	角	分	亿	千	百	十	万	千	百	十	元	角	分		亿	千	百	十	万	千	百	十	元	角	分	
4	1			期初余额																							借				1	9	2	0	0	0	0	0	
4	2	银收	1	取得借款存入银行				4	0	0	0	0	0	0	0												借				5	9	2	0	0	0	0	0	
4	2	银付	1	购固定资产															2	3	1	0	0	0	0	0	借				3	6	1	0	0	0	0	0	
4	2	银付	2	提取现金																	7	0	0	0	0	0	借				3	5	4	0	0	0	0	0	
4	2	银付	3	支付电话费																	5	1	1	0	0	0	借				3	4	8	8	9	0	0	0	

图 8—4　银行存款总账

（2）4 月 2 日，购入运输卡车，已交付使用（其他费用略）。付款凭证见图 8—5，固定资产总账见图 8—6。

付 款 凭 证

贷方科目：银行存款　　　　2009 年 04 月 02 日　　　　银付字 1 号

摘　要	借方科目		金额									记账
	总账科目	明细科目	百	十	万	千	百	十	元	角	分	
购运输卡车	固定资产	运输卡车		2	3	1	0	0	0	0	0	
合 计 金 额			¥	2	3	1	0	0	0	0	0	

附件 1 张

会计主管：张明　　记账：　　稽核：　　出纳：鲍峯刚　　制单：王锐

图 8—5　付款凭证

总　　账

会计科目名称或编号　固定资产

2009年		凭证		摘　要	借　方											贷　方											借或贷	余　额											√
月	日	类	号		亿	千	百	十	万	千	百	十	元	角	分	亿	千	百	十	万	千	百	十	元	角	分		亿	千	百	十	万	千	百	十	元	角	分	
4	1			期初余额																							借			3	8	6	1	9	5	0	0	0	
4	2	银付	1	购固定资产				2	3	1	0	0	0	0	0												借			4	0	9	2	9	5	0	0	0	

图 8—6　固定资产总账

（3）4 月 2 日，提取现金，以备零星使用。付款凭证见图 8—7，现金账见图 8—8，库存现金总账见图 8—9。

付　款　凭　证

贷方科目：银行存款　　　　2009 年 04 月 02 日　　　　银付字 2 号

摘　要	借方科目		金　额									记账
	总账科目	明细科目	百	十	万	千	百	十	元	角	分	
提现	库存现金	人民币户				7	0	0	0	0	0	
合 计 金 额					¥	7	0	0	0	0	0	

附件 1 张

会计主管：张明　　记账：　　稽核：　　出纳：鲍墨刚　　制单：王锐

图 8—7　付款凭证

现　　金　　账

2009年		凭证		摘要	借方											贷方											余额											会计盖章
年	日	类	号		亿	千	百	十	万	千	百	十	元	角	分	亿	千	百	十	万	千	百	十	元	角	分	亿	千	百	十	万	千	百	十	元	角	分	
4	1			期初余额																													3	7	0	6	0	
4	2	银付	2	提取现金						7	0	0	0	0	0																	7	3	7	0	6	0	

图 8—8　现金账

总　　账

会计科目名称或编号　库存现金

2009年		凭证		摘要	借方											贷方											借或贷	余额											√
月	日	类	号		亿	千	百	十	万	千	百	十	元	角	分	亿	千	百	十	万	千	百	十	元	角	分		亿	千	百	十	万	千	百	十	元	角	分	
4	1			期初余额																							借							3	7	0	6	0	
4	2	银付	2	提取现金						7	0	0	0	0	0												借						7	3	7	0	6	0	

图 8—9　库存现金总账

(4) 4 月 2 日，开出转账支票支付电话费。付款凭证见图 8—10，销售费用总账见图 8—11。

付 款 凭 证

贷方科目：银行存款　　2009 年 04 月 02 日　　银付字第 3 号

摘　要	借方科目		金　　额									记账
	总账科目	明细科目	百	十	万	千	百	十	元	角	分	
支付电话费	管理费用					5	1	1	0	0	0	
合 计 金 额					¥	5	1	1	0	0	0	

附件 1 张

会计主管：张明　　记账：　　稽核：　　出纳：鲍墨刚　　制单：王锐

图 8—10　付款凭证

总　　账

会计科目名称或编号　销售费用

2009年		凭证		摘要	借方											贷方											借或贷	余额											√
月	日	类	号		亿	千	百	十	万	千	百	十	元	角	分	亿	千	百	十	万	千	百	十	元	角	分		亿	千	百	十	万	千	百	十	元	角	分	
4	2	银付	3	期初余额						5	1	1	0	0	0												借						5	1	1	0	0	0	

图 8—11　销售费用总账

实验九　对账与结账

一、实验目的

通过对账与结账实验，使学生了解对账与结账的目的、要求及内容，掌握对账与结账的实际操作程序。

二、实验资料

依据实验四、六、七的资料进行对账与结账。

三、实验提示

（一）对账

对账就是在结账前，将账簿记录和会计凭证核对，各种账簿之间的数字核对，账簿记录和实物及货币资金的实存数核对，纠正记账错误，以保证账簿记录正确无误，为编制会计报表提供真实可靠的会计核算资料。每个企业、事业、行政单位，都要建立定期的对账制度，进行账—证核对、账—账核对、账—实核对。

（二）结账

结账就是当期（本月、本季、本年）的记账凭证登记完毕之后，按照制度规定和管理的需要，结计出各个账户的本期发生额（月度发生额、季度发生额、年度发生额）和期末余额。

由于账簿的种类和账页的格式不同，结账的具体方法也不同：

（1）日结：现金、银行存款日记账，需要逐日结出余额。结账时，在本日最后一笔经济业务下面结计出本日发生额合计及余额，摘要栏注明“本日合计”即可。

（2）月结：结账时，在本月最后一笔经济业务下面通栏划单红线，结出本月发生额合计和月末余额；在摘要栏注明“本月合计”字样，在借或贷栏内写明“借”或“贷”字样，在下面通栏划单红线。

（3）季结：季末将计算出的本季度三个月的发生额合计数，写在月结数的下一行内，在摘要栏注明“本季合计”字样，并在下面通栏划单红线。

（4）年结：月末已结计本年累计发生额的账户，十二月末的“本年累计”就是全年累计发生额，在下面通栏划双红线表示封账。会计年末，有余额的账户，要将其余额结转下年，并在摘要栏注明“结转下年”字样，在下一会计年度新建有关账簿的第一行余额栏内填写上年结转的余额，并在摘要栏注明“上年结转”字样。

四、实验要求

（1）将本期内所发生的经济业务全部登记在有关账簿中，既不能提前结账，也不能将本期发生的业务延至下期登账（假定每月的1日至最后一日下午18:00为一个期间）。

（2）按照权责发生制原则调整和结转有关账项。

（3）检查凭证传递是否每个环节已“过账”，账簿登记是否全部完成。

（4）结出各类账户本期发生额及期末余额。

（5）将总分类账簿、明细分类账簿、日记账簿中相关内容进行核对。

（6）按规定结账方法进行结账。

（7）本实验大约需要60分钟。

实验十　编制试算平衡表

一、实验目的

通过训练使学生掌握试算平衡表的编制方法。

二、试验提示

（一）账户发生额试算平衡法

账户发生额试算平衡法是以本期全部账户的借方发生额合计数和贷方发生额合计数是否相等来检验账户记录正确性的一种试算平衡方法。其平衡公式如下：

全部账户本期借方发生额合计＝全部账户本期贷方发生额合计

根据借贷记账法“有借必有贷，借贷必相等”的记账规则，每一笔经济业务的会计分录，其借贷两方的发生额必然是相等的。一定时期内，所有账户的借方发生额合计数和贷方发生额合计数，分别是所有经济业务的会计分录的借方发生额和贷方发生额的累计。因此，将一定时期内的全部经济业务的会计分录全部登账后，所有账户的本期借方发生额和本期贷方发生额的合计数额也必然相等。

（二）账户余额试算平衡法

账户余额试算平衡法是以全部账户期末的借方余额合计数和贷方余额合计数是否相等来检验账户记录正确性的一种试算平衡方法。其平衡公式如下：

全部账户的借方余额合计＝全部账户的贷方余额合计

根据借贷记账法的账户结构可知，所有账户的借方余额之和是资产的合计数，所有账户的贷方余额是权益的合计数，资产必然等于权益，因此，所有账户的期末借方余额合计数必然等于期末贷方余额合计数。

三、实验资料

依据实验九提供的总分类账、明细分类账、现金日记账和银行存款日记账相关数据编制。

四、实验要求

编制总分类账户发生额及余额试算平衡表。

五、实验步骤

总分类账户发生额及余额在编表时，首先将全部总分类账户名称抄列到“会计科目”

栏内，然后将各账户的期初余额、期末余额和本期借方发生额和贷方发生额分别填入各金额栏。

六、实验思考

（1）试算平衡表依据的原理。

（2）如果试算不平衡，原因何在？如果试算平衡，是否绝对无错误？

七、具体实验

总分类账试算平衡表见表10—1。

表10—1 **总分类账试算平衡表**

2009年04月30日

编号	账户名称	期初余额		本期发生额		期末余额	
		借方	贷方	借方	贷方	借方	贷方
1	库存现金	370.60					
2	银行存款	192 000.00					
3	应收账款	17 925.00					
4	坏账准备		400.00				
5	其他应收款	3 500.00					
6	原材料	855 000.00					
7	库存商品	10 887.00					
8	生产成本	1 140 000.00					
9	固定资产	3 861 950.00					
10	累计折旧		1 185 500.00				
11	短期借款		230 000.00				
12	应付账款		828 400.00				
13	其他应付款		3 000.00				
14	应付职工薪酬		9 944.00				
15	应交税费		38 686.60				
16	应付利息		15 500.00				
17	实收资本		3 107 000.00				
18	资本公积		345 000.00				
19	盈余公积		282 000.00				
20	本年利润		275 385.00				
21	利润分配	239 183.00					
	合 计	6 320 815.60	6 320 815.60				

实验十一　编制资产负债表、利润表

资产负债表是反映企业某一特定日期（如月末、季末、年末）的财务状况，并提供资产、负债及所有者权益项目有关指标资料的一种时点静态报表。通过资产负债表，可以帮助报表使用者全面了解企业的财务状况，分析企业的负债偿还能力，从而为未来的经济决策提供参考。

利润表是反映企业在某一时期的经营成果，并提供收入、费用、利润项目有关指标资料的一种动态报表。

一、实验目的

通过编制资产负债表、利润表，使学生熟悉资产负债表、利润表的基本结构和编制要求，掌握其编制的具体操作方法。

二、实训指导

(一) 资产负债表的编制方法

1. 根据总账科目期末余额直接填列

资产负债表各项目的数据来源，主要是根据总账科目期末余额直接填列。

(1) 资产类项目有：应收票据、应收股利、应收利息、应收补贴款、固定资产原价、累计折旧、工程物资、固定资产减值准备、固定资产清理（如该账户出现贷方余额应以“—”号填列)、递延税款借项等。

(2) 负债类项目有：短期借款、应付票据、应付职工薪酬（如该账户出现借方余额应以“—”号填列)、应付股利、应交税费（如该账户出现借方余额应以“—”号填列)、其他应交款（如该账户出现借方余额应以“—”号填列)、其他应付款、预计负债、长期借款、应付债券等。

(3) 所有者权益项目有：实收资本、资本公积、盈余公积等。

2. 根据总账科目余额计算填列

资产负债表某些项目需要根据若干个总账科目的期末余额计算填列。

(1) 资产类的货币资金项目，根据“库存现金”、“银行存款”、“其他货币资金”科目的期末余额合计填列。

(2) 资产类的存货项目，根据“材料采购”、“原材料”、“低值易耗品”、“自制半成品”、“库存商品”、“包装物”、“生产成本”等账户的合计，减去“存货跌价准备”科目的期末余额后的余额填列。

(3) 资产类的固定资产净值项目，根据“固定资产”账户的借方余额减去“累计折

旧”账户的贷方余额后的净额填列。

(4) 所有者权益类的未分配利润项目，在月（季）报中，根据“本年利润”和“未分配利润”科目的余额计算填列（如该账户出现借方余额应以“—”号填列）。

3. 根据明细科目的余额计算填列

资产负债表某些项目不能根据总账科目的期末余额或若干个总账科目的期末余额计算填列，需要根据有关科目所属的相关明细科目的期末余额计算填列。

如“应收账款”项目，应根据“应收账款”科目所属各明细账户的期末借方余额合计，再加上“预收账款”科目的有关明细科目期末借方余额计算填列；又如“应付账款”项目，应根据“应付账款”、“预付账款”科目的有关明细科目的期末贷方余额计算编制。

4. 根据总账科目和明细科目余额分析计算填列

资产负债表上某些项目不能根据有关总账科目的期末余额直接或计算填列，也不能根据有关科目所属明细科目的期末余额计算填列，需要根据总账科目和明细科目余额分析计算填列。

如“长期借款”项目，根据“长期借款”总账科目余额扣除“长期借款”科目所属的明细科目中反映的将于一年内到期的长期借款部分分析计算填列。

5. 根据科目余额减去其备抵项目后的净额填列

(1)“应收账款”项目，应根据“应收账款”科目所属各明细科目的期末借方余额合计，减去“坏账准备”科目中有关应收账款计提的坏账准备期末余额后的金额填列。

(2)“存货”项目，根据扣除前的存货项目余额减去“存货跌价准备”科目期末余额后的金额填列。

(3)“固定资产净额”项目，按照“固定资产净值”项目余额减去“固定资产减值准备”科目期末余额后的净额填列。

(4)“在建工程”项目，按照“在建工程”科目的期末余额，减去“在建工程减值准备”科目期末余额后的净额填列。

(5)“无形资产”项目，按照“无形资产”科目的期末余额减去“无形资产减值准备”科目期末余额后的净额填列，以反映无形资产的期末可收回金额。

在我国，资产负债表的“年初数”栏各项目数字，应根据上年末资产负债表“期末数”栏内所列数字填列。如果本年度资产负债表规定的各个项目的名称和内容同上年度不相一致，应对上年年末资产负债表各项目的名称和内容按照本年度的规定进行调整，填入报表中的“年初数”栏内。资产负债表的“期末数”栏各项目主要是根据有关科目记录编制的。

(二) 利润表的编制方法

利润表中的各项目，主要根据各损益类账户的发生额填列。

本表“上期金额”栏内各项数字，应根据上年度利润表“本期金额”栏内所列数字填列。如果上年度利润表规定的各个项目的名称和内容同本年度不相一致，应对上年度利润表各项目的名称和数字按本年度的规定进行调整，填入本表“上期金额”栏内。

本表“本期金额”栏内各项数字一般应当反映以下内容：

(1)“营业收入”项目，反映企业经营主要业务和其他业务所确认的收入总额。本项目应根据“主营业务收入”和“其他业务收入”账户的贷方发生额扣除借方发生额后的净额计算填列。

(2)“营业成本”项目，反映企业经营主要业务和其他业务发生的实际成本总额。本项目应根据“主营业务成本”和“其他业务成本”账户的借方发生额扣除贷方发生额后的净额计算填列。

(3)“营业税金及附加”项目，反映企业经营业务应负担的营业税、消费税、城市维护建设税、资源税、土地增值税和教育费附加等。

(4)“销售费用”项目，反映企业在销售商品过程中发生的包装费、广告费等费用和为销售本企业商品而专设的销售机构的职工薪酬、业务费等经营费用。“管理费用”项目，反映企业为组织和管理生产经营发生的管理费用。“财务费用”项目，反映企业筹集生产经营所需资金等而发生的筹资费用。企业发生勘探费用的，应在“管理费用”和“财务费用”项目之间，增设“勘探费用”项目反映。

(5)“资产减值损失”项目，反映企业各项资产发生的减值损失。

(6)“营业外收入”、“营业外支出”项目，反映企业发生的与其经营活动无直接关系的各项收入和支出。其中，处置非流动资产净损失，应当单独列示。

(7)“利润总额”项目，反映企业实现的利润总额。如为亏损总额，以“—”号填列。

(8)“所得税费用”项目，反映企业根据所得税准则确认的应从当期利润总额中扣除的所得税费用。

三、实验资料

依据实验十的相关资料及前面有关实验资料编制。

四、实验要求

(1) 编制资产负债表工作底稿。

(2) 编制资产负债表。

(3) 编制利润表。

五、实验思考

(1) 资产负债表的作用。

(2) 资产负债表编制依据的原理和基础。

(3) 利润表采用的格式。

(4) 各层次的利润如何形成？

六、具体实验

资产负债表见表11—1，利润表见表11—2。

表11—1 **资 产 负 债 表**

编制单位：滨江空调机厂 2009年04月30日 单位：元

资 产	行次	期初数	期末数	负债及所有者权益	行次	期初数	期末数
流动资产：	1			流动负债：	31		
货币资金	2	192 370.60		短期借款	32	230 000.00	

续前表

资　产	行次	期初数	期末数	负债及所有者权益	行次	期初数	期末数
交易性金融资产	3			应付票据	33		
应收票据	4			应付账款	34	828 400.00	
应收账款	5	17 925.00		预收账款	35		
减：坏账准备	6	400.00		其他应付款	36	3 000.00	
应收账款净额	7	17 525.00		应付职工薪酬	37	9 944.00	
预付账款	8			应交税费	38	38 686.60	
其他应收款	9	3 500.00		应付利息	39	15 500.00	
存货	10	2 005 887.00		应付股利	40		
减：存货跌价准备	11			其他应交款	41		
存货净额	12	2 005 887.00		一年内到期的长期负债	43		
待处理流动资产净损失	13			其他流动负债	44		
其他流动资产	14			流动负债合计	45	1 125 530.60	
流动资产合计	15	2 219 282.60					
长期投资：	16			长期负债：	46		
长期投资	17			长期借款	47		
固定资产：	18			应付债券	48		
固定资产原价	19	3 861 950.00		长期应付款	49		
减：累计折旧	20	1 185 500.00		其他长期负债	50		
固定资产净值	21	2 676 450.00		长期负债合计	51		
固定资产清理	22			负债合计：			
在建工程	23						
待处理固定资产净损失	24			所有者权益：			
固定资产合计	25	2 676 450.00		实收资本		3 107 000.00	
无形及递延资产：	26			资本公积	78	345 000.00	
无形资产	27			盈余公积	79	282 000.00	
其他长期资产：	28			未分配利润	80	36 202.00	
其他长期资产	29			所有者权益合计	81	3 770 202.00	
资产总计	30	4 895 732.60		负债及所有者权益总计	90	4 895 732.60	

表 11—2　　　　　　　　　　**利　润　表**

编制单位：滨江空调机厂　　　　　　2009 年 04 月　　　　　　单位：元

项目	行次	本月数	本年累计数
一、营业收入	1		
减：营业成本	2		
营业税金及附加	3		
销售费用	4		
管理费用	5		

续前表

项目	行次	本月数	本年累计数
财务费用	6		
资产减值损失	7		
加：投资收益（损失以“－”号填列）	8		
二、营业利润（亏损以“－”号填列）	9		
加：营业外收入	10		
减：营业外收入	11		
三、利润总额（亏损以“－”号填列）	12		
减：所得税费用	13		
五、净利润（亏损以“－”号填列）	14		

教师信息反馈表

为了更好地为您服务，提高教学质量，中国人民大学出版社愿意为您提供全面的教学支持，期望与您建立更广泛的合作关系。请您填好下表后以电子邮件或信件的形式反馈给我们。

<table>
<tr><td>您使用过或正在使用的我社教材名称</td><td></td><td>版次</td><td></td></tr>
<tr><td>您希望获得哪些相关教学资料</td><td colspan="3"></td></tr>
<tr><td>您对本书的建议（可附页）</td><td colspan="3"></td></tr>
<tr><td>您的姓名</td><td colspan="3"></td></tr>
<tr><td>您所在的学校、院系</td><td colspan="3"></td></tr>
<tr><td>您所讲授课程的名称</td><td colspan="3"></td></tr>
<tr><td>学生人数</td><td colspan="3"></td></tr>
<tr><td>您的联系地址</td><td colspan="3"></td></tr>
<tr><td>邮政编码</td><td></td><td>联系电话</td><td></td></tr>
<tr><td>电子邮件（必填）</td><td colspan="3"></td></tr>
<tr><td>您是否为人大社教研网会员</td><td colspan="3">□ 是　会员卡号：____________
□ 不是，现在申请</td></tr>
<tr><td>您在相关专业是否有主编或参编教材意向</td><td colspan="3">□ 是　　　　□ 否
□ 不一定</td></tr>
<tr><td>您所希望参编或主编的教材的基本情况（包括内容、框架结构、特色等，可附页）</td><td colspan="3"></td></tr>
</table>

我们的联系方式：北京市海淀区中关村大街 31 号
中国人民大学出版社教育分社
邮政编码：100080
电话：010-62515910
网址：http：//www.crup.com.cn/jiaoyu/
E-mail：jyfs _ 2007@126.com